司马懿

从龙套到主角

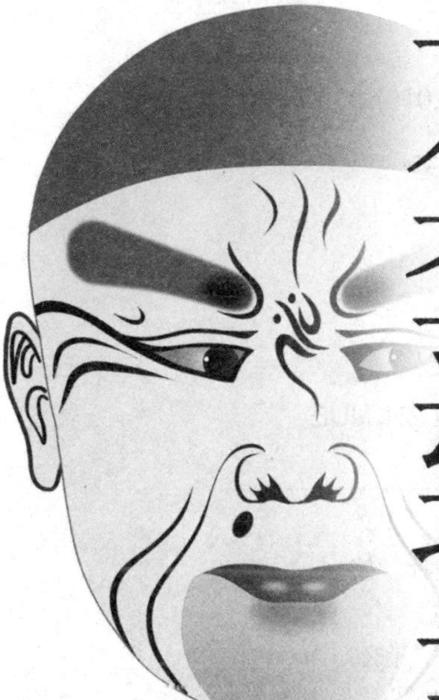

章岩 著

天津出版传媒集团
百花文艺出版社

图书在版编目（CIP）数据

司马懿：从龙套到主角 / 章岩著. -- 天津：百花文艺出版社, 2016.6（2023.11 重印）
ISBN 978-7-5306-6992-1

Ⅰ. ①司… Ⅱ. ①章… Ⅲ. ①人生哲学-通俗读物 Ⅳ. ①B821-49

中国版本图书馆 CIP 数据核字(2016)第 127788 号

司马懿:从龙套到主角
SIMAYI: CONG LONGTAO DAO ZHUJUE
章岩　著

责任编辑:王　欣
责任校对:曾玺静　　**装帧设计:**杜　娟
出版发行:百花文艺出版社
地址:天津市和平区西康路 35 号　　**邮编:**300051
电话传真:+86-22-23332651（发行部）
+86-22-23332656（总编室）
+86-22-23332478（邮购部）
网址:http://www.baihuawenyi.com
印刷:天津旭非印刷有限公司
开本:710 毫米×1000 毫米　1/16
字数:190 千字
印张:18.5
版次:2016 年 6 月第 1 版
印次:2023 年 11 月第 4 次印刷
定价:59.80元

如有印装质量问题,请与天津旭非印刷有限公司联系调换
地址:天津市蓟州区经济开发区天久街 20 号
电话:(022)60307286　邮编:301906

序

从龙套到主角，司马懿做对了什么

关于司马懿的人生，用六个字来概括就是——先潜伏，后爆发！前半生低调隐忍，后半生大器晚成。如果非要对他的成功秘诀进行概括总结的话，一个字——熬！

第一，司马懿创纪录地先后在四位老板手下打工，且越打工地位越高。

司马懿先是在曹操手下开始工作，经过了曹丕、曹叡和曹芳，经历四朝，可以说是名副其实的“骨灰级”元老人物。他一路打工一路打拼，同行的人越来越少，他却越走越远，越走越高。正所谓，伟大精英都是“熬”出来的。

最后，司马家族复制了曹魏家族的发展轨迹，司马懿的孙子竟争掉了当时的曹老板，统一了天下，将朝代更名改姓，自己当家做主了！

第二，司马懿从一名小文员开始，至高级职业经理人结束。

即使在今天的职场，能坚持走完这一历程的人也是了不起的。这个过程凝聚了司马懿的脑力、精力、努力，他从不放过任何机遇，在“高调做事、低调做人”原则的基础上，不懈地追逐梦想，实现了人生价值的最大化。

虽然司马懿一路上面对着重重困难，但始终信念坚定，从不退却

和放弃。他欠缺的成功条件有：第一，没有门路；第二，没有深厚背景；第三，曾经得罪过曹操；第四，所在的曹氏集团里“人精”扎堆儿……然而，这并没有妨碍他苦心经营，花费十年左右的时间，将自己打造成一名称职且深受领导器重的高级职业经理人。之后，他朝着更广阔的天地大步前进。

第三，司马懿大器晚成，在最后时刻还在创造着“不战而屈人之兵”的奇迹。

司马懿30岁出仕，过了50岁才开始迎来职业生涯的黄金期。但是，仅过了10年的时间，在60岁后又遭到政敌曹爽的攻击，地位被一点点架空，以致要用装病卖傻的方式避祸。最终，他后发制人，以出其不意的方式一举除掉曹爽及其党羽，成为魏国一人独大的“无冕之王”。

第四，司马懿气死诸葛亮。

拨开演义和戏说的面纱看历史，会发现真实的故事是另外一个面目。

司马懿的才智也许不及诸葛亮，或者说，当时就没有谁的智商高于诸葛亮。但是，偏偏是司马懿在二人正面交锋中，先后两次挫败了这位天才，让爆红“明星”含恨而终在伐魏的军营中。不知道诸葛亮在赴黄泉前，有没有如周瑜临终前般发出“既生亮何生司马”的感叹？司马懿斗败诸葛亮，其秘诀何在？本书都会为你一一揭秘。

司马懿就是这么牛！

他的情商之高，几乎达到独步千古的境界。从某种程度上说，情商比智商更重要。智商天才诸葛亮碰到情商天才司马懿，注定是一场残酷的厮杀，一场不见硝烟的心战，但最终的结果可想而知，司马懿是最后的胜利者！

司马懿用自己的经历告诉我们——情商才是王道！

所以，我们要想在现实中成功，就要翻开本书，多向司马懿学习！

目录

第一章 出山——走好人生第一步

从“待价而沽”到成为“最可爱的人”，司马懿精心绘制着自己的人生地图。他深深地明白——想要表现自己并让上级看到，就要勇敢地站出来，而永远不要指望他人替你引荐。

第二章 上位——情商高才是真本事

司马懿不但跟对了人，而且做对了事。

很多时候，贪心才有糖吃，但吃到嘴里的是糖，还是糖衣炮弹，可说不准。

第三章 定力——成功是“熬”出来的

时间是把杀猪刀，只要你等得起，也能不战而胜。

可以说，司马懿的成功是熬出来的。只要有耐心，同时保持实力，铁饭

第六章 进阶——忠诚和背叛距离有多远

司马懿告诉我们：表忠心，绝对要高调！

在司马懿一贯低调做人做事的时候，唯独“表忠心”这件事他做得非常高调。

在忠诚和背叛之间，司马懿永远知道其中的分寸。

第七章 秀功——既要有实力，也要有演技

不论是装傻卖萌，还是眼泪攻势，作秀的目的不是为了娱人娱己，而是有所图谋。

实力是一方面，懂得秀出自己，也是成功的重要因素。

第八章 心算——不战而屈人之兵

人生是一场博弈的游戏。逞强斗勇永远不如斗智。

斗智不是耍小聪明，而是靠智慧和人生阅历作为获胜的资本，以抓住对方的把柄和漏洞作为攻击目标，务求一击即中。这正是《孙子兵法》中的不战而屈人之兵。

第一章 出山 走好人生第一步

从“待价而沽”到成为“最可爱的人”，司马懿精心绘制着自己的人生地图。他深深地明白——想要表现自己并让上级看到，就要勇敢地站出来，而永远不要指望他人替你引荐。

待价而沽心理学

公元201年,司马懿23岁。

大约是家族背景的关系,他轻易得到了一份上计掾的工作。用白话翻译就是当时郡县机关内负责统计工作的基层公务员。

史书所载,当时还是大司空的曹操在他人的举荐下,派人给司马兄弟送上了请柬。这是一件跳龙门的好事。说起来,司马兄弟得到工作的机会,还源于曹操与他们家有历史渊源。因为他们的老爹司马防当初任京兆尹职务的时候,曾经举荐过曹操,多少算是卖过曹操一个人情。

但是,司马兄弟给出了不同的回答。

老大司马朗当即点头应允准备上路。老二司马懿却令人跌破眼镜地回绝了这个天上掉馅饼一样的机会。就是说,司马懿明目张胆地向牛人曹操唱了一次危险的反调。

司马懿是个聪明人,但是聪明与城府有着本质的不同。处世之道

如同打造钻石,需要经历苦难的磋磨才能熠熠生辉。

从史书上可以得知,司马懿与曹操刚成年那时候比,做的事情是小巫见大巫的。曹操比他还能折腾,把戏也更高明。所以,当曹操听到司马懿装病拒绝出仕的消息时,他很容易看穿司马懿的花招,猜出他的小聪明。

在他眼中看来,司马懿的行为实在是太小儿科了！他不屑戳破是因为他有许多事情要做,很忙,无暇他顾。当曹操势力得到巩固,终于腾出手来,已经是七年后了。

或许是从手下的人事部那里再一次听到了司马懿的名字,让曹操想到了这个有些滑头的年轻人。彼时,老大司马朗的工作也做得非常出色。多重因素下,曹操再次派人去征召。

只不过,这一次容不得司马懿再拿腔作调。因为曹操给了使者一道密令:如果他再出幺蛾子,就算抓也把他给我抓来!

汉建安十三年(公元 208 年),司马懿在曹操的半强制手段下出仕了。

一段风云诡谲的人生开始了。

司马懿的装病有利有弊。

反观当时其他人面对曹操的征召,要么直截了当地拒绝,比如司马懿的老师胡昭。要么兴高采烈地登门上任,比如司马朗。反而是司马懿这样不识抬举的同时,要小聪明用装病的方式让双方都不会尴尬得下不来台面的举动,大约会给曹操留下了较为深刻的印象。

只是,当时纷乱的时局让司马懿的待价而沽带有很大的风险系数。曹操的反应显然与司马懿的设想有些出入。彼时的曹操身边能者如云,反观刘备身边主要有诸葛亮支撑,司马懿想明白后多半只能留下一声叹息。理想很美,现实很残酷。路还很长,他的人生才刚刚开始。

从另一个角度来说，司马懿的拒绝自然有着深远的打算。

第一，司马懿有野心。

投资学的基本原则之一是——不要将鸡蛋放在一个篮子里。

司马懿很懂得待价而沽的道理。坐在家中不代表他不了解天下事，不分析天下事。毕竟彼时的他还拜了一位叫胡昭的名师，从思想到知识得到脱胎换骨的改造。

话说，这位胡老师作为当代名师大儒，即便做了山中隐士也一样吸引曹操的目光，甚至于几次请他出山辅佐。可惜胡老师一心做隐士，除了坚决地说不没有给出其他回答。

司马懿可不想做隐士，他出生后据说是被父亲司马防寄予厚望的，而家道中落的现实以及曾经光耀过的家族历史都在提醒着司马兄弟，必须要将重振家业作为人生中的第一要务。

第二，他拒绝的理由很有意思。

他装病的病因是风痹，也就是风湿骨病。这个病不是不治之症，而应该说是一个慢性病，需要调养的病。那么，他随时可以说病得严重了，也随时可以说病症减轻了。前者可以作为病休离岗的正当理由，后者可以成为重上岗位的合理借口。只要他想，只要时机合适，病随时可以好起来。

曹操也猜出这层意思的大半吧？所以，史书记载才会有当曹操听到这个理由后曾经派人暗中探访司马懿，看他是真病还是装病。显然两个聪明人心照不宣。

司马懿用这个病因作为借口显然心口不一，而更多带有让双方随时有台阶下的意味。从这一点来看，司马懿的装病似乎有放长线钓大鱼、待价而沽的想法。

所以，司马懿的装病也可能是他想“傲娇”一把，抬一抬自己的身份。

人们往往对于容易得到的东西不会珍惜，而越是难求，越会在意，越不想放手。人才如明珠，求才若渴也是一样的道理。

比如，与司马懿同时代的另一位牛人——卧龙诸葛亮。

刘备三顾茅庐，除了机缘不凑巧，赶上诸葛亮外出这样不可预知的因素之外，不排除有诸葛亮也在考察这个买主的意思，看看他的肚量，看看他有多求贤若渴，看看他的做人做事，再收集信息看看自己是不是值得为他效力……

可惜，司马懿面对的情况，与刘备大相径庭。刘备是非诸葛亮不可，曹操却是手下能人无数、良将如云，多一个不嫌多，少一个也不在乎。除非你是当时名人大儒，或者让他打心眼里钦佩的同时生出必须得到你的念头，否则，他是不会多放精力在你身上的。

司马懿本来还等着曹操在自己第一次拒绝后马上再次、三次来请，结果却让他意料之外也是情理之中地等了七年，白白消耗掉大把的光阴和精力，错失了许多身临其境的机遇。

“出名要趁早”是张爱玲的名言。司马懿却在自己的小聪明中只能选择“大器晚成”一条路。

想要待价而沽，用了欲扬先抑的花招，切记必须给自己和对方一个以转圜的余地做退身步。否则很容易鸡飞蛋打、得不偿失。

很多时候，为了得到某些利益，我们需要跟他人进行谈判，也就是谈条件。

想要让对方接受自己的条件，不管是主动接受，还是被迫接受，都需要一定的技巧，需要使用一些手段来达成。

一般来说，谈判无非是强硬型和合作型两种，不是一方压倒另一方告终，就是双方达成共同利益联盟，互相后退一步。前者需要你有足够的实力，足够的气场，足够的谈资，可以压迫对手，可以让对手低头，主动放弃自身的利益,听命于你。后者需要你有足够的可以交换的资本,可以让对方接受、利用,可以让对方愿意拿出自己的一些利益与你进行交换。

有这样一个案例——

某软件开发公司研发了一套财务管理软件,并向很多大中型企业递送了试用版软件。因为是免费的,这些企业不疑有他地使用起来。一段时间下来,软件公司得到了很好的回馈,表示软件非常适用,并提出了一些细节上的修改建议。软件公司也进行了修改。

一年后,这些企业忽然发现自己一直使用的这款财务软件因为无法在线升级而在使用中出现越来越多的漏洞。当他们找到软件公司的时候,对方表示,因为当初提供的是试用版软件,必然会出现很多漏洞问题。而他们为了维持公司的运转,只能将精力投入带来利润的正规软件的开发与维护上。言外之意,这些企业如果想要使用完整的没有漏洞的软件,就要开始掏钱了。而他们在一年多使用后,如果抛弃该软件更换另一种,一方面整体撤换要费时费力,另一方面一时也未必可以找到更合适更好用的软件。

后来,权衡利弊后很多企业主动向软件公司购买了正版软件,并签订了长期维护合同。虽然在一开始属于赔本赚吆喝的模式,但是软件公司的试用版软件投放对象选择的都是大中型企业,其中还包括了很多拥有不少子公司的集团企业,当他们开始购买正版软件后,立刻让软件公司赚到高额利润。同时双方还建立了长期合作关系。之后软件公司相继开发出其他应用软件,也取得了很好的业绩。

这个案例告诉我们,想要成功谈条件,先让自己有实力,要么独一无二,要么自己是最适合对方的选择,要么用手段让对方无法做出其他选择。

如何表现才能让上司上心

汉建安二十年(公元215年)。

此时,司马懿已是曹操智囊团中的重要成员。

在这一年,37岁的司马懿以主簿的身份随同曹操出征汉中,剿灭张鲁势力。

攻打张鲁的初期并不是很顺利,以至于曹操萌生了退军的念头。综合史料记载来看,其经过大约可以这样还原出来——

曹操想要退兵,在后方督军的刘晔听到传令后,果断赶过来制止同时提出他的建议。刘晔说:“我们干脆佯装撤退,制造假象让敌人松懈,晚上再派兵偷袭。”曹操采用他的建议,果然取得了胜利。攻打张鲁的功劳刘晔最大,这一点板上钉钉。

这里要来说一下刘晔这个人。刘晔是主动投奔到曹操身边的,而且受到了曹操的热烈欢迎。当时曹操出于考察的目的让几个人出谋划策,唯有刘晔得到了曹操“卿言近之”的评语,不久后授予他“司空仓曹掾”的职务。

《傅子》记载,曹操很快“授晔以心腹之任;每有疑事,辄以函问晔,至一夜十至耳(一晚上找刘晔十次)”。

显然,刘晔很投曹操的脾气,或者说在当时曹操很看重刘晔的军事才华。这大约也是张鲁之战中曹操会听从刘晔计谋的一个决定因素。

正是因为刘晔的存在,在故事的前半段司马懿像一个隐形人一样。

这次出征,基本上已经完成了90%。论功行赏的话,司马懿业绩基本上为零。造成这种局面与他的身份有关系,与曹操对他的印象有关系,与他还没有表现自己有关系。

彼时,司马懿的能力也许很强,但是他的表现如果没有曹操这个唯一的观众欣赏的话,再有本事又有什么用呢?

如果司马懿就这样白白让机会飞走,那么他也就不是司马懿了。

于是,趁着大军打赢张鲁后的休整时间,司马懿找到曹操,认真地向他提出一个建议。

司马懿说:“刘备远征在外,益州也不太远,现在是一个绝佳的一举端掉刘备老窝的时机,不应该错过。”

曹操翻看着手中的文书,半晌才抬头看向司马懿,漫不经心地说:“你的建议好比得陇望蜀,做人不能太贪心。”

言外之意,按原计划打道回府,你不要瞎折腾了。

一旁的刘晔听了司马懿的建议,思索了片刻,也走到曹操面前,以力挺的态度表示:“我认为这个建议很可行,现在的时机非常好。刘备是个大患,他手下的关羽、张飞、诸葛亮都不是善茬,现在不趁着他们立足不稳的时候除掉,日后麻烦很大。”

曹操表示:我很烦。转身不理会二人。

刘晔还在争论着,直至被轰了出去。

司马懿则摸摸鼻子,二话不说,笑而不语地走出了大帐。

司马懿的表现目的究竟是什么?

司马懿主动开口了,可是他开口说的话却与攻打张鲁没有一点儿关系,而且他的建议还被曹操给否决了。从表面上看,司马懿这一次的表现不尽如人意,也就是说他的处子秀搞砸了。

但是真的砸了吗?

当然没有。反而表现得不错!

怎么可能?!

如果司马懿在这次随军过程中一点表现也没有的话,恐怕这次是他第一次出征也可能是他最后一次出征。说白了,他只是曹操手边许多后备人才中的一个,僧多粥少,想上位就必须先挤掉其他人。

曹操秉持着“唯才是举”的用人观念,想要获得他的青睐,唯一的方式是用能力说话。只要你有能力也有价值,他就会给你一个施展才华的舞台。否则,一切免谈。

司马懿的话曹操听进去了,日后动了伐蜀念头的时候却因为时机已经失去而后悔。

这才是司马懿在这次攻打张鲁中表现的真实用意。他在将自己的实力展示给曹操,让他知道自己不是只会做后勤工作。自己有眼光,有谋略,可以胜任谋士工作。

一次献策成功没有什么,能够日后有时刻献策的地位才更重要。想要获得那个地位,他要秀出自己的才能。

果然,两年后,司马懿成了曹操身边的军司马。

贪心与胡闹是不同的形容词。

曹操没有骂司马懿是“竖子无谋”。“得陇望蜀”的贪心不等于不切实际，可见曹操还是认可司马懿的策略，只是当前的时机不对。他有能力攻打益州，不代表就一定要去做，因为有其他比攻打益州进而可能阻止刘备做大还紧迫还重要的事情等着曹操去做。

司马懿也很快读出了曹操话中的含义，不争辩的后续表现想来曹操也同样会很满意：孺子可教也！

司马懿证明了自己的潜力，至此，他才算是从大名单中被筛选出来，正式进入曹操后备干部培养的小名单。

有时候，无利可图也要出头表现。

有时候，表现自己是为了"放长线钓大鱼"，利益并不在眼前。

表现不是去争、去抢；但不表现，却永远只能被他人抢走你的利益。

千万不要天真地认为可以单纯地用业绩说话，君不见太多自己玩命做出来的成绩在瞬间被他人占为己有的例子吗？另外，要知道一件事：你的业绩再好，当上级日理万机非常忙碌的时候，并不一定能够看到你的表现，更不要说之间还有一层层的关系网或明或暗地为各自的利益出手阻挠。

想要表现自己并让上级看到，就要勇敢地站出来，而永远不要指望他人替你引荐！

如果自己的建议能够被采纳很好，但是没有被采纳就一定是表现不及格吗？换一个角度想一想，如果你的话对方实际上听进去了呢？如果对方日后想起来的时候会因为没有听你的话而后悔呢？

不要害怕表现后却遭到指责和打击，那是助你成长的良药，而且，这些指责未必是偏激的、不切实际的胡言乱语。

换位思考就会明白，上司的批评和纠错是一种在意的心态。因为想要栽培，所以才会指出你的问题，希望你加以改正。如果对方认为你无关痛痒，恐怕都懒得解释，摇摇手，根本连指责也不会说。不是这样吗？

如何说比说什么更重要

关于司马懿献策事件，其实更重要的是他的说辞，正所谓如何说比说什么更重要。

让我们来具体了解下司马懿当时是如何说的——

司马懿说："刘备使计诈虏了益州的刘璋，打造出一股新兴势力。现在，一方面，蜀人还没有真心实意依附他，他还没有做大。另一方面，他正将主要兵力放在争夺远方的江陵城上，使得大本营益州十分空虚。如今，我们占据天时地利，这里离益州并不算远。圣人说不要违背时机也不要错失时机，不如趁势前往攻打空虚的益州城，这样可以不费力地瓦解刘备势力。"

在曹操还沉吟未表态的时候，一旁的刘晔也站了出来，接着司马懿的话，强化着这个观点："如今汉中的蜀人还在观望，我们刚刚收服了张鲁，蜀人正惊恐中，以主公的英明，自然知道应该借机一举收服蜀人。要是给了蜀人缓冲的时机,刘备的益州近在咫尺,他是人杰,再凭借着刘备手下诸葛亮的智谋,以及关羽和张飞的勇猛,早晚可以收服蜀人。到时候他们依仗着蜀道的艰险,我们再要除掉他就不容易了。如今不趁早除掉他,日后必成大患。”

大家都在等着曹操表态,可惜曹操平静地扫视众人后,微微一笑,对司马懿说:“人苦无足,既得陇右,复欲得蜀!”啥意思?他在告诉司马懿,你太贪心了,不要得陇望蜀。

刘晔还想争取一下,刚张嘴,曹操大手一挥,表示:“不要再说了。整军,一会儿出发返回。”说完,继续低头处理文书,不再言语。

司马懿思索着曹操的话语,若有所思,果断转身告退。

曹操真的不在乎刘备吗?这件事就这样不了了之了吗?

当然不是。后来刘备势力扩大,给曹操制造了不少麻烦。曹操也终于要全力对付刘备。

投降的蜀人对曹操表示:蜀人非常害怕曹操的实力,因为有风声要打仗,一时间人心惶惶。刘备为了稳定人心而杀掉那些喧闹的人,但收效甚微。

曹操很满意自己的威风,转头问刘晔:“你说如今攻打刘备的时机好吗?”

刘晔闷闷地告诉曹操:“如今刘备的根基已经稳固,打不赢了!”

曹操悻悻地摸摸鼻子,不再理他。事实证明,果然如刘晔所言,曹操至死也没能除掉刘备,将这块烫手山芋留给了儿子曹丕。

会做事前,先会做人。而做人,从会说话开始。

谋士的主要工作就是献策,但是献策也是一个很有学问很有技巧的工作。你纵然有满腹的点子,但未必可以讨得上级的认可和赞同。

不要说你想说的，而应该说对方听得进去的。

攻打张鲁后，司马懿的建议是一个好建议，刘晔也举双手赞成。撇开曹操最后的一票否决不谈，来看看两个人在向曹操建议的时候是如何表达自己想法的，就可以看出二人在做人方面是如何的不同。

先看看司马懿的原话——

> 刘备以诈力虏刘璋，蜀人未附而远争江陵，此机不可失也。今若曜威汉中，益州震动，进兵临之，势必瓦解。因此之势，易为功力。圣人不能违时，亦不失时矣。（《晋书·宣帝纪》）

司马懿强调的是“此机不可失也”“进兵临之，势必瓦解”“易为功力”。

他形容刘备用的是“诈”。

他将曹操的高度说成“圣人不能违时，亦不失时矣”。

再看看刘晔的原话——

> 今举汉中，蜀人望风，破胆失守，推此而前，蜀可传檄而定。刘备，人杰也，有度而迟，得蜀日浅，蜀人未恃也。今破汉中，蜀人震恐，其势自倾。以公之神明，因其倾而压之，无不克也。若小缓之，诸葛亮明于治而为相，关羽、张飞勇冠三军而为将，蜀民既定，据险守要，则不可犯矣。今不取，必为后忧。（《魏书·刘晔传》）

他强调的是“其势自倾”“无不克也”。

他形容刘备的词汇是“刘备，人杰也”“诸葛亮明于治而为相”“关羽、张飞勇冠三军而为将”。

最要命的是，他的最后一句话“今不取，必为后忧”。

一个建议，两种表达方式，不论曹操的城府如何，肚量如何，比较来说，显然司马懿的话更加顺耳，也更加可以让人听进耳朵里。

差别一:语气

其实从两个人的话中看,刘晔更加自信而强势,司马懿则很柔和而本分。

从语气上看,刘晔强于司马懿,可惜他也失误在太强势上。

毕竟,曹操也是一个很强势的人,这样的人势必喜欢掌控一切,而不喜欢有人与自己叫板,尽管有些叫板是就事论事,没有针对性,也不是有意为之。

在攻打张鲁的时候,曹操与刘晔的亲密程度其实要高于他与司马懿的关系,而且刘晔刚刚在攻打张鲁的时候献策有功,按道理,他的话曹操会更加听得进去。可惜他与司马懿一样在这件事上吃瘪了。刘晔的话中最强势的一句应该就是最后的"今不取,必为后忧"。言外之意,他在坦白地告诉曹操:"你今儿要是不听我的,日后等着后悔吧!"

带有威胁语气的话,绝对不是他人喜欢听的,更何况是本就猜疑心重的曹操。也许刘晔本意是替曹操着急。问题是,他的话有些逾矩了。

向地位比自己高的人提建议的时候,绝对不能自以为是。就算你的看法是正确的,也要牢记:第一,不能语气强硬;第二,不要坚持己见,喋喋不休地一味强调诸如"我是为了您好,如果不这样做,迟早要……"

一方面,太强硬的语气会令人感觉不舒服,就算初衷是好的,也会受到对方的抵触,甚至产生"你是不是觉得你比我聪明?是不是觉得我很无能"?这样的误解,又或者产生疑惑"你这么坚持究竟打什么主意"?

另一方面,地位不同,思考问题的角度和深度也有所不同。刘晔考虑的是当前的战局,而曹操要操心的不仅是外部的战局,还包括汉末这个动荡时期他自己势力的发展。甚至于,自家内部的纠纷以及争权

夺利的战局更加让他在意。

没有哪个管理者会若无其事地接受下属不分上下级的僭越建言。请将自己的定位认清楚,朋友之间还要顾忌措辞,更何况是公事呢?

从自身角度出发,自以为是往往会让我们踢到铁板,踩到地雷。如果曾经做过这样自寻死路的事情,也不要在日后因为被穿小鞋而感到委屈。

差别二:眼色

司马懿的话点到而止,留有余地。当曹操否决了他的建议后,没有再纠缠不休。从这个角度说,司马懿非常有眼色。他的眼色体现在两方面。

第一方面:明白自己作为配角的任务是烘托主角

曹操是个聪明人,而他也是一个很自负的人。

司马懿摸准曹操的心思,在表现自己的同时,又有度地不喧宾夺主。他是新人,新人想要表现自己,就需要懂得适度。

司马懿的建议更多的是一个引子,而没有很具体的长篇大论。他的话更像是在说:“您看我们如果这样做怎么样?”或者是:“我觉得其实可以这样做,您看是不是更好?”

刘晔的话更像是在下结论,更像是在说“我认为我们要这样做,不然就会倒霉”,或者是“我们绝对不应该养虎为患”。

然而,曹操是一个强势的人,绝不是一个喜欢被人牵着鼻子走的人。在他手下拥有发展前途的谋士,永远是那些既聪明又低调的人,是能说且会说的人,绝没有一个自以为是的人。

第二方面:不要在上级面前夸赞对手

这是一个定位的问题,也是一个在管理者眼中你忠心与否的问题。

对比司马懿形容刘备只用了一个“诈”字这样带有贬义色彩的词

语，瞧瞧刘晔说的什么？

刘晔说："刘备，人杰也！"这不是长别人志气灭自己威风吗？

当着自己的领导，尤其是一位非常自负的领导的面，高度赞扬对手，还是他颇有些瞧不起的对手。当众说话，还是在大胜氛围下说，这不是扫上司的兴吗？

刘晔想在曹操正高兴的时候故意泼凉水吗？他的脑袋被驴踢了吗？难道他认为曹操听到后会点头说："小刘啊，你说得太对了！"曹操可能会说这样的话吗？

刘晔继夸赞刘备之后，继续夸赞他的助手"三人帮"。无论是诸葛亮、张飞还是关羽，尤其是关羽，更是曹操心中的痛。如果不能够为己所用，越是厉害的人才越是曹操的眼中钉，是他步向成功路上顽固的绊脚石，是他欲除之而后快的重点目标。

刘晔的话很对，问题是曹操不会喜欢听啊！

在此，我们特别友情提示：

第一，作为下属永远谨记一点：任何时候都不要让上级感觉你比他高明！

第二，绝对不要在上级面前称赞竞争对手，甚至背后也不要说，以防隔墙有耳。

正所谓"说话有学问，做事有艺术"，一个人心里明白，不代表嘴上说得清楚；嘴上说得清楚，不代表对方会听得进去；对方听得进去，不代表他喜欢听。

所以，话不在多，而在如何说。

刘晔次次见解精辟，却次次撞到枪口上，且不到南墙不回头。唯一的解释只有一个，他是一个高智商低情商的人，也就怪不得他总也得

不到重用了。

司马懿表忠心次次精彩,次次打动领导的心。他善于抓住关键时机,借题发挥;另外,他做得高调,演得真诚,一切都恰到好处,从而获得领导的信任。

在委婉中恰如其分地表达出了自己想要表达的内容,既不会强势得让对方难以接受,又不会因为逻辑不清而让对方如坠云里雾里,抓不到想要了解的重点是什么。这才是会说,让对方听得进去,还爱听。

迂回说话术，让你成为“最可爱的人”

汉建安二十三年(公元 218 年)。

40 岁的司马懿在他的兄长病逝后的这一年，升职成为曹操身边的军司马。加上此前他太子中庶子的身份，事业发展终于步入正轨，搭上了顺风车。

军司马这个职位，总的来说就是协助曹操处理军政事务。大概相当于近身的机要秘书或是参谋长类的工作职务，表明曹操此时已经比较信任他了。虽然军司马没有军权，但是作为智囊是可以影响曹操的决断的。

新官上任三把火，借着刚刚升任军司马的契机，司马懿当即向曹操提了一个建议。

司马懿说：“昔日箕子(纣王的叔父)治国将食放在首位。魏国现在负责耕种的农户并不充足，即便风调雨顺，收获的粮食也未必充足。民

以食为天，吃不饱会闹事。粮食问题很重要，会影响国家的长治久安。虽然我们现在还不间断地打仗，但是也不能忽视耕种问题。早做谋算，才可以防患于未然。我的建议是应该一边守卫国家一边耕种粮食。"

曹操很满意这个建议，当即批准执行。

结果，魏国的农业在大力扶持下得到长足发展，很快国库丰盈起来。

史书中是这样记载的——

> 迁为军司马。言于魏武曰："昔箕子陈谋，以食为首。今天下不耕者盖二十余万，非经国远筹也。虽戎甲未卷，自宜且耕且守。"魏武纳之，于是务农积谷，国用丰赡。(《晋书·宣帝纪》)

司马懿的建议有什么言外之意？

民以食为天，这是个大业绩。

司马懿是军司马，是参谋，而不是农业部长。不在其位不谋其政，他为什么会提出一个加强屯田的建议？

事实上，看原文会发现司马懿玩了一个文字游戏，这件事还真可以与他挂上钩。因为司马懿最后给出的具体建议是"虽戎甲未卷，自宜且耕且守"。大意是：虽然战事未停，应该一边耕种一边守备。

这句话的主语是谁？显然绝对不是那不足二十万的普通农户，否则不会是一边耕种一边守备这样地形容。是的，司马懿的建议中针对的是魏国军队全部的兵卒。从这一点下结论，司马懿的建议的真正核心词是——建立军屯制度。

既然是军屯，自然与身为军司马的司马懿有关联。

虽然乱世战火不断，但是大家都没有这个气力不间断地打个不停，总要适时停战养精蓄锐，或避开恶劣的天气，或积累和打造下一次战争所需的军资物品，等等。军屯不同于普通农垦的地方正是这种"战时兵，闲时农"的制度。军屯的好处是，除了解决粮食紧缺问题，还可以让士兵在闲暇时段不会因为无事可做而寻衅闹事。

这样一个有利无弊的建议，曹操当然乐于采纳。司马懿的建议既不突兀，又合情合理，体现了他目光长远，思考很深。曹操在采纳之余，也会满意司马懿在新职位上的表现。

另外，虽然原文只有“务农积谷”四个字，结合司马懿后来的工作重心之一就是兴修水利和开垦农田，这一次可以说是司马懿在农业工作上迈出的富有效果的第一步。从达到了“国用丰赡”的程度上看，显然老天爷也在帮他。

司马懿的文字游戏让他双赢。

种粮的农户基本都隶属于地主阶级，可以说地主阶级操控着魏国的粮食命脉。曹操为战备而征粮，就代表着他在从地主阶级手中抢夺既得利益。

于公，这是身为魏国子民应尽的义务；于私，这是让地主阶级肝儿颤的事情。

矛盾是隐形的，也是必然存在的，甚至是可以被激化到互不让步的程度。

曹操如果要彻底改变自己被动的局面，唯有将农户变成自己的直辖。不过这只能是理论上的方案，属于虎口拔牙的事情。地主阶级的实体是当时最大的政治集团，也是互相同气连枝的世家大族，其地位强悍不易动摇，牵一发而动全身。曹操一心想要局势平稳，必然不能够硬碰硬地强制镇压。否则，对方的反噬也可能让双方形成鱼死网破的大败局。

困局不易解开，不代表不能解开。关键时刻，司马懿出声了。这一出声，语出惊人，石破天惊，解开了困局，还形成了皆大欢喜的局面。

怎么说？

这个建议最高明而微妙的地方是弱化了矛盾，在尽量不损伤世族集团自身利益的前提下，同时又为曹操找到了一个变通的易于操作执行的解决办法。无论对曹操、世族群体还是司马懿本人，都是一个利大于弊的双赢方案。

既然是军屯，一方面避开了曹操与地主阶级的矛盾纠纷，一方面又解决了粮食不足的问题，同时还可以加强对闲时军队的管制，一举多得。司马懿显然也会因为顺利解决了问题，成为各方势利眼中“很可爱”的人。

在这里，司马懿传授了一种迂回的门道。

这个世界上不一定是“1+1=2”的模式，也不是除了白只有黑。一条路行不通的时候，硬冲上去撞得满头是包的是傻瓜。为什么不转变思路，找到一个变通的方式呢？

如果你可以在弱化矛盾的同时解决问题，那么你在当事者的眼中地位立刻会高涨很多，成为他们欣赏喜爱的人。

考虑问题可以适时地迂回一下，表达方式一样可以迂回一下，不是因为难以启齿，而是为了更好地被对方理解并接受，皆大欢喜的效果何乐不为？

站在对方立场考虑问题，才能最终实现双赢。

锦上添花未必能有什么效果，双赢追求的是雪中送炭。将梳子送给秃子，你不会听到“谢”字，反而会招来臭骂；对方正进行减肥计划，你递过去一只鸡腿，虽然你是心疼的意思，对方却可能认为你别有用心，或故意捣乱。

双赢的特点是大家一起得利，所以，在策划时就需要掌握对方想要什么，需要什么，重视什么。所以必须要懂得换位思考，只有站在对方的立场去考虑问题，才会开阔眼界，才会得到正面且积极的效果。

好老板为你的成功加速

汉建安二十二年(公元217年)。曹操建立魏国。

这一年,曹丕迎来了人生的春天。他击败夺嫡大热门的曹植,被魏公曹操立为太子。

司马懿作为太子四友之一的核心员工,被任命为太子中庶子,成为曹丕的属官。从这一刻起,他们的命运连结在一起。曹丕有了司马懿这个忠心的高参(每与大谋,辄有奇策),司马懿则得到了曹丕强有力的庇护(太子素与帝善,每相全佑,故免)。

三年后,曹操病逝。曹丕继位。

司马懿被封为河津亭侯,旋即任丞相长史职务。同年,汉帝禅让帝位给曹丕,曹丕建立魏朝,史称魏文帝。司马懿再一次晋升为尚书,转任督军、御史中丞,实现了连升三级的传说。

黄初五年(公元 224 年)。

魏文帝曹丕南下,带兵在靠近东吴的地区巡游,以此来威慑对方,不要轻举妄动。

司马懿被曹丕留在许昌,任抚军职务。用白话解释就是负责曹丕此次出行的后勤保障,并总领内政事务工作。这意味着曹丕出门前将自己的家交给司马懿照看。表面是看重司马懿的能力,背后则代表着他对司马懿的绝对信任。

同时,司马懿还被假节,领兵五千,加给事中、录尚书事。

司马懿非常会做人,他得到消息后第一时间找到曹丕,表达了自己能力不足,功劳不高,这样的荣誉受之有愧。这种态度非常讨曹丕的欢心,也让曹丕更加放心。

曹丕和颜悦色地对司马懿说:“我继位以来每天忙于政务,没有一刻可以休息的时候。即使如此,事情总也做不完,我一个人的力量有限。”

司马懿还是一味辞让,曹丕干脆半开玩笑地说:“谁说我给你的是荣耀呢?我是觉得这重担我一个人扛得太累,所以要拉你下水而已。这样辛苦的事情,我不找你分忧还能找谁呢?”

这就是《晋书·宣帝纪》中的记载:五年,天子南巡,观兵吴疆。帝留镇许昌,改封向乡侯,转抚军、假节,领兵五千,加给事中、录尚书事。帝固辞。天子曰:“吾于庶事,以夜继昼,无须臾宁息。此非以为荣,乃分忧耳。”

黄初七年(公元 226 年)。

司马懿 48 岁,任侍中、尚书右仆射。

这一年,司马懿的最佳拍档——魏文帝曹丕病入膏肓,药石无救。

一天,大限将至的曹丕强打精神在崇华殿南堂召开了最后一次内阁会议。

参会人员不多,包括曹真、陈群、司马懿,以及太子曹叡。会议的主要内容也很简单,曹丕任命曹真等三人为辅政大臣,将儿子曹叡郑重其事地托付给他们。

曹丕气若游丝一句又一句地交代着后事。他最后拉着曹叡的手,以口谕的方式说:“我死以后,你要勤勉。你经验不足。他们三个人都是能臣,也是忠臣,是我非常信任的人。遇到问题要多向他们请教,避免犯错。”

曹叡点头,表示会谨记在心。

曹丕又说:“树大必然会招风。他们都是顶梁之臣,也因此难免会招人妒忌。三人成虎,你涉世不深,恐怕会误信谗言。我希望你今后绝对不要被任何人别有用心的谗言所迷惑,离间了你与这三个人之间的关系。这一点你要谨记。”

这就是《晋书·宣帝纪》中记载的“及天子疾笃,帝与曹真、陈群等见于崇华殿之南堂,并受顾命辅政。诏太子曰:‘有间此三公者,慎勿疑之。’”——几天后,曹丕病逝。曹叡继位,成为魏国的第三位皇帝,史称魏明帝。”

此后,司马懿顶着曹丕临死前送给他的庇护,开始了更加精彩的人生旅程。

成功需要梦想,也需要助力。

如果司马懿不是在曹丕手下起步,或许他的人生就没有了后面的那些风光无限。虽然他的本事很大,但是空有才能与抱负,却抑郁终生的大有人在。从这一点来说,单打独斗不如贵人带路。

司马懿有理想，有抱负，现实却未必能够让他成就自己的理想。如果说他的梦想是风筝，那么贵人曹丕就是托起梦想的风。

作为没落贵族，司马懿起步的时候手中并没有太多值得夸耀的资本，也没有得到曹操的青睐。与此同时，曹操“唯才是举”的用人观点让他手握大批能人志士。司马懿在其中大约只能够排在中等偏上的位置。

司马懿的成功未靠祖荫，而是靠自己的努力。当时曹操集团中最强势力是曹氏族人，他们牢牢掌控着军权。第二势力则是汝颍士族为代表的传统贵族，比如崔琰、荀彧、荀攸、毛玠等人，他们牢牢掌控着政界。夹缝中的司马懿并不迂腐地自命清高，而是积极谋划自己的人生。

他与曹丕的相识虽然偶然，但后面的合作能够成为必然，则是司马懿执鞭随镫打造出来的。单巴掌拍不响，凡事都需要有互动。曹丕有迫切需求，司马懿积极提供帮助，大家才能一拍即合走到一起。

不过，贵人不是凭空出现的。

贵人不是阿拉丁神灯，不是在你许愿的时候就会出现在你的面前。

想要有贵人带路，前提条件是你必须让自己有不可取代的价值。

曹丕愿意成为司马懿的贵人，一个最重要的决定因素是司马懿对他来说是非常有利用价值的下属。他的才能与作用使得他的地位难以被他人取代，因为重要，所以有了二人越来越多的合作；因为密切合作而加深了二人对彼此的了解；因为了解而欣赏，曹丕在欣赏中对司马懿的好感越来越强，直至成为信赖的关系。

冰冻三尺非一日之寒，这是一个循序渐进的过程。

想要得到贵人的帮助，你需要先做出一些贡献，然后才会有他人的回报。而在付出方面，雪中送炭永远比锦上添花深入人心。贵人不是菩萨，贵人也有烦恼，为贵人分忧你才有价值。

曹丕成为司马懿的贵人要从他当上太子开始，但是两个人的合作要远远早于这个时期。那时候，他们的未来都有很多的不确定性，这或许会让他们有很多的共同语言。

而且，曹丕成为太子这件事，当初或许在他自己看来都是希望渺茫的。正因为经历了一番波折，所以在奋斗过程中那些自始至终坚定地站在自己身旁支持自己的人，才是他内心最信赖的人。这一点，从他继位后那些得到重用的人几乎都是与他一同经历过夺嫡事件的人上可见一斑。比如司马懿。

贵人是我们成功的动力源，但贵人并没有一定的标准，也并不局限于某些固定身份。贵人可以是我们的朋友、亲人，也可以是素不相识的陌生人。贵人相助的方式可能是直接的，这主要是在物质方面体现出来。同时也可能是间接的，比如贵人可能是我们心中的榜样和偶像，虽然未曾谋面，但被他的事迹感动，受到鼓舞和激励，进而成为自己努力奋进的动力源。因为他人的一句话而改变人生的故事并不是传说，也并不稀有。

有句西谚是“天助自助者”，成功的经历各不相同，但相同之处在于“梅花香自苦寒来”。想要遇到生命中的贵人，守株待兔或是坐井观天是永远无法实现的。唯有积极努力地争取才能够与生命中的贵人不期而遇。

机会虽然平等地出现在每个人面前，但是能不能够抓住，说了算的人是你自己。

第二章 上位 情商高才是真本事

司马懿不但跟对了人，而且做对了事。

很多时候，贪心才有糖吃，但吃到嘴里的是糖，还是糖衣炮弹，可说不准。

跟对人，做对事

汉建安二十四年(公元 219 年)。

这一年的秋天，发生了一件不大不小的事情。简单地说，曹操杀了一个人。

死者是当红一时的明星级人物，比司马懿风光，曹操的众多儿子都争相以结识他为荣。

这个人叫杨修。没错，就是历史上因“鸡肋”事件而送了性命的青年。

司马懿看人的眼光很准，杨修在他眼中并没有得到高分，在他们共事的那段时间里，发生的很多事情都在印证着司马懿的看法。

曹操当了魏公，有了自己的诸侯国。这时候选择继承人成为重中之重的工作。很快，两名候选人脱颖而出，成为竞选的大热门。一个是曹丕，另一个是曹植。曹丕赢在长子的身份，曹植则备受曹操喜爱，认为他才华最高。

两个人开始组建自己的班底，从人数上看，曹丕占优。不过，曹植也不弱，虽然人少，但一个杨修足够“以一当百”，至少，曹植是这样想的。

司马懿很不以为然，他选择站在曹丕这边。曹植与杨修的“双剑合璧”组合在司马懿看来，不过是两个清高自大的知识分子因为惺惺相惜而走到一起。

凡事无利不起早，联盟要靠利益来维系。仅凭着理想与共同的兴趣，这样的联盟关系很脆弱，也很危险。果然，在曹丕与曹植的竞争中，看似占上风的曹植却总是被反转得输了后手，曹丕一路乘胜追击，先输后赢，笑到最后。

也就是在这个夺嫡的过程中，杨修耍小聪明协助曹植的几件事曝光后，惹得曹操大怒，彻底把自己在曹操那儿从“香饽饽”变成“眼中钉”。

第一件事是他向曹操举报，称曹丕行为失当。但曹丕这边的人也不是吃素的，提前通报了曹丕，曹丕得悉后抢先一步挡了过去。以致杨修举报的时候，反倒在曹操眼中成了一个居心叵测、挑拨离间的小人，曹操对他开始不喜欢。

第二件事是他帮曹植在曹操出题考试前打小抄。别看曹植文学禀赋甚高，但在治国安邦之道上却需要作弊，杨修提前预测了题目，并准备了答案，让他熟记于心。曹操当面表扬了侃侃而谈的曹植，事后却被告知那不过是杨修提前准备好了答案。曹操感到被愚弄，更加不喜欢。

第三件事，曹操下令守城人不放行，却又让两个儿子出城，以考验他们随机应变的能力。结果，曹丕无功而返，曹植却很有魄力地杀掉城门官，大摇大摆地走出去。曹操大喜，这才是我的儿子啊！就要有这样的霸气！

事后，曹操问曹植：“儿子，你当时是怎么想到这个方法的啊？”

曹植这个“愣头青”毫不含糊地回答：“那个什么，是杨修告诉我的。”

完了，一句话彻底将杨修打入曹操的“冷宫”。

我还在呢，如今我的儿子就这么听你的话，要是日后真的是他继承我的位子，还是这么听你的话，这江山是我曹家的还是你杨家的啊？

反观此时的司马懿，作为曹丕班底的重要成员，不断立功的同时，却也没有把柄被对手攻击。他选择站在曹丕一边，但又不招摇显摆，绝不站在风口浪尖上找死。就这样，他同时获得曹操与曹丕的好感，一路扶摇直上。

最后的最后——

曹丕赢了，他的手下跟着鸡犬升天，其中就包括司马懿，他当上了曹丕手下的太子中庶子，不久又当上军司马。

曹植失败了，他本人没有什么大碍，不过是继续做自己的逍遥王侯，而他的手下，从杨修到丁氏兄弟，先后被曹操和曹丕借题发挥地除掉了。

可见，跟错人是一件多么危险的事情！

司马懿相比杨修，他们的不同命运说明了什么？

两个阵营的两个人，一个命丧黄泉，一个成功晋级一路高升，这样的差距不是智商造成的，而是情商。撇开抱大腿的选择不谈，看二人的表现会发现——

杨修虽然聪明，可惜情商太低，最终被玩死了。

而司马懿高明的地方在于，他作为曹丕阵营的主力军，一方面靠着自己的能力得到曹丕的倚重与信赖，另一方面又低调得让曹操抓不到任何错处和把柄。他同时得到了曹操和曹丕的肯定与不同程度的信任。单这一点，就足以让人伸出大拇指，赞一声：“高，实在是高！”

杨修的悲剧人生与其说是曹操造成的，不如说是他自己，也可以再加上一个“不懂事”的“口无遮拦”的曹植。杨修错在生错了时代，如果在盛唐时期，或许杨修的表现不亚于李白，曹植也一样。他们在太平盛世，都可以依靠文采混口饭吃。既然他们生在这个时代，却又不能够自我调适以适应时代的发展，那么最终必然会被时代所淘汰。

司马懿始终清楚曹操的底线，而杨修却始终看不清。曹操是做大事的人，他不会斤斤计较一个人得罪自己这件小事，不到万不得已他是不会杀杨修的，要知道，这会损害自己的公众形象。杨修致命的原因，真正让他成为曹操眼中钉的决定性表现，还是夺嫡战时他作为曹植幕僚所做的那些逾矩的事情，这让曹操坚定了要除掉这个害群之马的决心。这是曹操的底线，他们自己家的家事，外人明目张胆地插手，那简直是找死的节奏。

不管怎么说，杨修也不算是躺着中枪，因为他确实与这些事情撇不开干系。曹植背后的人当然是希望他得到最后的胜利，但是当他们为曹植谋划的事情超出了曹操可以接受的范围，一切就不那么合情合理了。作为曹植背后的主要智囊，杨修为他出了很多点子，这些点子加速了曹植的灭亡。

凡事都有一个度，不择手段地去做一件事，唯一的解释就是太想赢。这是好事，也不是好事。“态度决定命运”这句话虽然流传甚远，但是不能一概而论。因为还有一个成语对它进行制约，即“过犹不及”。

当太过于执着地想要赢而使出一些不很光彩的手段，甚至是曹操最讨厌的作弊行为，而且这些张扬的行为偏偏没有达成自己所期望的目的，反而给曹植的形象抹黑，造成负面影响，那么这些辅助者就会立即成为曹操最厌恶的人，进入了曹操的“死亡名单”。

不是说曹丕一方没有这些小动作，而是曹植做得太高调，太张扬，想让人不注意都不行。可以说，曹丕的低调隐忍策略，与司马懿的暗中指点也是有一定关系的。这也是一种政治策略。司马懿不但跟对了人，而且做对了事。

很多时候，不做是错，做得太过也是错！

很多时候，贪心才有糖吃，但吃到嘴里的是糖，还是糖衣炮弹，可说不准。

曹操是一位时而严厉时而慈祥的父亲。曹植则是一个时而顽劣时而优秀的儿子。父子之间有亲情做保护伞，君臣可没有这样的保护伞，比如倒霉的杨修。

《三国志·魏书·曹植传》记载："太祖既虑始终之变，以杨修颇有才策，而又袁氏之甥也，于是以罪诛修。"这就是曹操对待杨修的态度，也是他们的定位。曹操是一位冷酷无情的CEO，杨修则是一名中层，同时还是曹操的死敌袁绍的外甥，这样的身份不但不谨慎，反而如此张扬，不是缺心眼主动往枪口上撞吗？本来就对你有猜忌，不杀你杀谁？

作为父亲的曹操在面对曹植的时候，不会像对杨修那样无情，他做不到那样的冷静而理智。曹操首先想到的不是"曹植你怎么这么不争气"，而是"都是你们这帮人把我儿子带坏了"。

注意：这两者之间不是对应的关系，甚至可以没有关系，也没有道理可讲。

曹操认定曹植很多糟糕透顶的表现背后的主使者就是杨修，即便其中有冤情，只是一旦这种观点被坐实，杨修自己有口难辩，曹植出面调解还会让曹操更加气怒，进而火上浇油。

曹操必须为曹植的糟糕表现找到一个自己可以接受，同时也是大众可以接受的借口和理由。再加上自己讨厌杨修许久,也没有人出面保他,敢冒风险为他说话。

于是,杨修的死期到了。

与杨修相比,司马懿很聪明。

司马懿的聪明,在于他看懂了这些错综复杂的关系。他不仅看清了形势,而且看懂了曹操的心理,最终周旋于龙争虎斗中,做到了明哲保身,并且为自己赢得了一个好前程。聪明的关键,不在于司马懿做了什么,而在于他没做什么。

总之,司马懿绝不轻易让自己变成出头鸟。

第一,在没有充分了解对手的行事风格前,他不会让自己轻易涉险。

第二,时刻注意给自己留条后路。

司马懿并没有在明面上得罪曹植。毕竟就算输了争斗,曹植依然是曹操喜爱的儿子。当一切没有尘埃落定的时候,仍有可能翻盘。而一旦得罪了曹操,曹丕在没有正式成为太子前不一定能够保住司马懿。

反之,杨修曾经打小报告的行为算是彻底得罪了曹丕,若不是曹操出手杀了他,他日曹丕继位后也断断容不下他。所以,杨修的命丧黄泉不过是初一和十五的事,在劫难逃。

审视这两条人生轨迹,我们可见司马懿的起步曲折而低调,但是上扬的趋势保持不变,直至后来当上相国。而杨修起步很高调,但却步步向下,直至丢了性命。

一个如流星一般陨落,一个则如恒星一般稳稳地依偎在太阳和月亮的近旁。杨修的陨落照亮了司马懿的前路,作为前车之鉴,给了司马懿很大的警示。而司马懿在多年的小心经营之后,终于告别菜鸟时代,

迎来了自己职场生涯的一个上升期。

其实，杨修的触礁、搁浅直至沉没，在很大程度上与他的性格有关，与他的情商有关，与他的人生观和价值观有关。冰冻三尺非一日之寒，那些诸如“一口酥”“绝妙好辞”之类的小聪明已经让曹操心生厌恶了。他走到最后那一步是前期不断积累出的恶果，不加收敛的举止实在是一种慢性自杀的愚蠢行径。

是才子的清高自傲也好，是政治观念不同也好，是受到自己身份背景的拖累也好，情商太低的杨修先是跟错了人，然后又做错了事，最终自己把自己玩死了。也许他本不应该蹚这潭浑水，如果做一个自由的学者或许他的人生会是另一番光景。

可惜，人生没有如果。

玩好游戏还是被游戏所玩，通过司马懿的故事你悟出了什么呢？

适时唱反调，人生更出彩

汉建安二十四年(公元 219 年)。

关羽出兵包围了曹仁驻守的樊城。僵持中，曹操接到信报，他当即安排于禁带领七军赶去樊城给曹仁解围。

人算不如天算，于禁解围的任务还没有完成，就赶上了一桩倒霉事。

因为连绵的秋雨，汉水水位猛涨，破堤而出的洪水，瞬间将于禁带领的七军淹没，损失严重。于禁本人则因为被蜀军擒获而投降了关羽。

曹操的身体每况愈下，这件事对他是一个不小的打击，一时间让他失神地做了一个错误的决定——他要迁都。

当时汉朝的都城设在许昌，曹操被关羽的声势迷惑，在来势汹汹的对手面前他有些慌了。毕竟刘备打的是保皇的旗号，而许昌离他们太近，对自己很不利。他打算将都城迁移到河北。

司马懿在朝议的时候听闻了这件事，不管他人如何说，他首当其

冲地站出来对曹操的这个决定投了反对票。

司马懿一针见血地指出："于禁失利是因为洪水，而不是被关羽打败。我们并没有太大的损失。贸然迁都，一方面示弱于对手，一方面又会令淮沔地区的民众惶恐不安。"

曹操仔细听着司马懿的话，被初时混乱战局搅乱的脑子慢慢清醒过来。对呀，于禁虽然输了，但要是没有遇到洪水，谁胜谁负还未可知。关羽的声势虽然浩大，还没到坚不可摧的地步啊！

他正想着，又听到司马懿继续说道："更何况，孙权和刘备两个人虽然结盟，实际上彼此各怀心思，关系并不亲厚。现在的战局对蜀国有利，关羽一路高歌猛进的局面，并不是孙权乐见的。毕竟他出了力却没有得到利，搁谁身上也不干啊。"

很有道理，我怎么忘了孙权这个投机分子了？曹操眯着眼睛看着面前的司马懿，他在侃侃而谈中目光沉静，却闪烁着睿智的光芒。甚至，他恍惚地看到了自己昔日的影子。

司马懿最后建议道："我觉得我们不如暗中联络孙权，许他一些好处，我们再从旁协助孙权，这样双管齐下，樊城之围应该可以不攻而破了。"

这是一招围魏救赵，拆散了吴蜀联盟，令其狗咬狗。曹操一点即透，终于露出久违的笑容。他赞许地点点头，改变了原来的计划。

一方面，打消了迁都的念头；一方面，采纳了司马懿的建议。

事实证明，司马懿对孙权这个人了解得非常透彻，在一番运作下，吴蜀联盟被打破，孙权审时度势，转身拉住了魏国的手，蜀国孤军奋战，关羽力不能敌，败在东吴大将吕蒙手中，被俘，遭砍头。

司马懿唱反调的学问，你知道多少？

的确,司马懿很少让自己“与众不同”地唱反调,但是,他不是不会唱反调,而是只选择在合适的时机唱。

所谓合适的时机,一方面,唱反调之后的情势必须要有利于自己;一方面,唱反调必须有的放矢,有备而发,而不是夸夸其谈,或心血来潮的冲动行为。

司马懿知道,新人不要轻易唱反调。

曾经,他作为一个新人跟随曹操剿灭张鲁。那一次他提出一个很好的建议,但是被曹操驳回了。司马懿没有选择不合时宜地唱反调,一味坚持己见。他当时识时务的表现显然被曹操记在心中,几年后提拔他当了自己的军司马。

新人时期在表现自己的同时,需要注意表现的度。有冲劲是好事,但过犹不及。用力太猛,无所顾忌,很可能自毁大好前程而不自知。

谁也不是天生的幸运儿,机会都是有限的,失去了一次,未必有第二次。司马懿在新人时期的表现可圈可点之处在于,他一方面让曹操看到了自己的才华,另一方面又不会让自己显得比曹操高明,让他心生忌惮或嫉贤妒能的心理。

司马懿明白,说符合身份的话。

而在这一次关于迁都问题上,司马懿却一反常态,站出来与曹操唱反调,不是他变了,而是时局变了,他的身份和地位变了。

此时此刻,作为曹操身边的机要谋士,他的本职工作就是为曹操出谋划策,并修正曹操的行为,指出不当之处,为他的所作所为查遗补缺。所以,他在发现错误和不妥的时候,必须要出声指出这些问题。这是他的身份决定的,也是曹操要求他完成的工作内容。他如果一个劲地随声附和,反而是失职,令曹操心生不满。

在什么山头唱什么歌,司马懿每一次出声都适时、适度、适宜地

表现着自己，同时又可以被曹操接受。这就是他可以长盛不衰的一个秘诀。

唱反调如何与守规矩相结合？

当你面对这样一道选择题的时候，你会如何做？

一边，是将要到手的利益，前提是你要违背一些必须遵守的规则；另一边，是必须遵守的铁律，如果被制定者发现你违反了它，就会被清理出局。

你会选择前者还是后者？

曾经，马云创建的阿里巴巴公司有一名优秀的营销员工，他的业绩非常出众，却被查出私下里在与客户接触的时候承诺给客户回扣。而回扣这件事在马云创业之初就将之作为一条绝对不能够去触碰的禁区，一旦发现有员工违背了这个规定，会立即被开除。

有人认为马云会因为他的业绩而网开一面，然而马云用实际行动告诉大家他维护企业规则不惜六亲不认的决心和坚定不移的态度，公私分明，坚持立场，绝对不留任何讨价还价的余地，所有人再一次被上了一课。

模糊了唱反调与逾矩的界限是一件非常危险的事情。

事实上，唱反调这件事一样有规则需要遵循，绝对不能够随心所欲而行。因为凡事都有一个底线，也都有自身的规则，唱反调绝不能特立独行地打破这些底线和这些规则。

当躺着中枪的时候，应该如何化解

据说，曹操不仅文韬武略样样精通，而且他还对相学有一定的钻研。看相属于玄学，这种事本来是信则有不信则无的，倒霉的司马懿撞到了曹操的枪口上。

在曹丕当上太子之后，有一天，司马懿来向曹操汇报工作。一番奏对之后，司马懿告辞离开。曹操看着司马懿的背影，忽然想起了刚刚看到的相学书籍上的一番话。心血来潮下，他突然喊住了司马懿。

听到上司的召回，司马懿停住脚步。没有回身的他，偏偏做出了一个高难度的动作。正是这个动作让曹操大吃一惊，甚至在片刻间动了杀机。

具体描述这个动作，大约是肩膀不动，转动颈部回头看后方。司马懿能够做出这样的动作，也许是因为他的脖子比较长。可惜，在曹操眼中这个动作被定性为“狼顾相”。相书记载，“狼顾相”属于一种异相，有

这种面相的人都是不安分的篡权夺位的野心家。

几天后的一个深夜，曹操从噩梦中惊醒。

梦中，他看到三匹马在一个槽中吃草。他坚信这个梦是一个预言，“马”指代司马懿，“槽”通曹，预言告诉他，司马懿在未来会抢夺曹家的家业。

一连两件事让曹操开始厌恶司马懿。他暗中告诫曹丕要提防司马懿，并关注司马懿在做事方面的疏漏，企图找到借题发挥，可以贬黜他的借口。

人算不如天算，曹操忽略了曹丕与司马懿的感情。

很快，司马懿从曹丕那里听到了这个让他惊心动魄的事情。自己真是倒霉，什么也没做就成了曹操的眼中钉，不能不说是一件很憋屈也很冤屈的事情。但是，司马懿竟然可以逢凶化吉，并在日后成就一番常人不能企及的事业，显然，他的城府起到了决定性因素。

当领导因为“无中生有”的原因而讨厌你、贬损你，处处针对你的时候，你会怎么办？

司马懿给出了他的答案。

司马懿装作不知道这件事，继续勤勤恳恳地做好本职工作，甚至到了废寝忘食的程度。用“完美地做好本职工作”这样的说法还不足以形容他的工作状态，因为他甚至当起了马倌儿，亲自照料上级的马匹。

其结果就是曹操既找不到他在工作中的任何疏漏，又因为他完美到可怕程度的工作态度而无法借机发作，只能悻悻作罢。再加上平日里曹丕有意无意从旁处处庇护，时常帮他说好话打圆场，时间久了，曹操觉得司马懿的工作能力是很不错的，关于“狼顾相”的看法也渐渐淡忘了。

司马懿就是这样用他低调而谨慎的工作态度，化解了危机。

关于此事，史书是这样记载的——

魏武察帝有雄豪志，闻有狼顾相。欲验之。乃召使前行，令反顾，面正向后而身不动。又尝梦三马同食一槽，甚恶焉。因谓太子丕曰："司马懿非人臣也，必预汝家事。"太子素与帝善，每相全佑，故免。帝于是勤于吏职，夜以忘寝，至于刍牧之间，悉皆临履，由是魏武意遂安。(《晋书·宣帝纪》)

是金子就会发光的，司马懿无疑是一个人才。

可以说，只要有机会，司马懿的光芒就遮挡不住。

这是一把双刃剑，一方面，他的才能可以被他人发现，进而得到更好的机会，得到更好的发展；另一方面，"不招人嫉是庸才"，实力出众的人才会成为他人羡慕嫉妒恨的目标。

司马懿懂谋略，心有城府，这些不是他能够全部掩饰的。曹操对司马懿欣赏，其实也代表他们属于同类人。同性相斥，一样精于权谋的曹操以己度人地看待司马懿，于是在他眼中司马懿就是一个具有潜在狼子野心特质的定时炸弹。

魏国是曹操苦心经营的宝贝，加上他本性多疑，自然会在晚年出现患得患失的心态，害怕有人夺走自己一生的心血。正因为这个原因，司马懿才会无端地躺着中枪。

当得知自己无辜成为上司的眼中钉，司马懿的做法很值得我们学习借鉴。总之，司马懿的对策可以分成三步——

第一步：克制情绪，不出口抱怨

有些事，就算你没有做错，但是你也没有解释的机会和资格。比如，司马懿的这件事。

他总不能找到曹操，当面锣对面鼓地说："老大，我不是这样的人，你误解我了。"第一，他不会听；第二，他不会信；第三，他会认为你是在粉饰。这样一来，就会越描越黑。

识时务的司马懿没有叫屈，没有抱怨，没有破罐破摔。因为他知道，这些行为除了发泄负面情绪之外，对于改善现状来说毫无用处。

理智的做法是寻求解决之道，最好可以立时止损，然后采用补救手段，尽可能地挽回已经造成的不良影响。

祸从口出，特殊时刻尤其需要管住自己的嘴巴。本来就已经让自己被讨厌了，如果这个时候你因为委屈或其他原因而出口抱怨，或做出什么顶撞对方的事情，基本上是在火上浇油，是主动让自己往枪口上撞，可能因为你无礼、鲁莽的行为而变得没有余地。

第二步：不动声色

司马懿当务之急是找到问题的根源，在此基础上做出补救措施。同时，他也没有忽视一个问题：这件事是上不了台面的。

这一点很有意思，也让司马懿找到了突破口，发现了解决之道。

首先，曹操是低调的引而不发。

“狼顾相”和噩梦都是曹操私下里与曹丕说的，这些话是不入第三人耳朵的秘密。也就说明，在正常情况下司马懿是不该知道这些事的。

这就是他可以利用的地方，因为他读出了曹操的心思。

作为管理者，因为私人原因而对下属产生疑心本来就是不应该的事情，是会让下属心寒，尤其宣扬出去会闹得人心惶惶，人人自危。曹操不希望看到这样的局面，所以就算他心中讨厌司马懿也不能随便出手。

其次，让曹丕置身事外。

曹操告诫曹丕是好心，曹丕告诫司马懿也是好心，但是若是曹操知道了这一点，他的好心就变成驴肝肺了，恼羞成怒中指不定会做出什么事情。后果严重的话，曹丕这个太子的位子并不一定坐得很稳当，且司马懿已经摆明了与曹丕拴在一起。一荣俱荣一损俱损，曹丕如果出事，司马懿的好日子也就到头了。

第三方的话之所以比较有效是因为不牵扯自身利益,可以保持中立的态度,所以可信。在司马懿这件事情上,曹丕越是表现得淡漠与不在乎,反而是对司马懿的保护。而如果他对于司马懿太在意,太保护,很可能反而引起曹操的怀疑,到时候曹丕再说什么话,曹操将他们视为一体,必定也听不进去,甚至曹丕越说越会火上浇油,适得其反。

第三步:让事实说话

只要司马懿可以用积极的实际行动打消曹操的顾虑,就可以让这个没有挑破的秘密继续成为秘密,然后在时间中慢慢消失无踪。这就是司马懿的对策,也是最有效的方式。

司马懿必须让自己保持一如既往的工作态度,不动声色,不让曹操发现有异常的地方。

虽然欲加之罪何患无辞,但是也不是随便加,而是要顺势煽风点火或顺水推舟出来的。比如杨修,早就因为若干事情得罪了曹操,但一直没有事情。直到他自找的"鸡肋"事件主动撞到曹操的枪口上,给了曹操合理的借口,当即以"妖言惑众,扰乱军心"为由砍了他的脑袋。由此可见,漏洞都是自己捅出来的,把柄多是主动犯错送给对手的"礼物"。

因为曹操作为管理者要服众,所以不能用私人借口治罪司马懿。所以他只能用借题发挥的方式。司马懿从这一点考虑,必然也会明白,只要自己继续做好自己的工作,只要让曹操找不到可以挑刺儿的地方,就可以保证自己不会被穿小鞋。

当然,做好自己的工作,不出错是很难的,因为对方手中拿着放大镜在关注着他,也许有些事情根本不算是错误,但也可以被借题发挥。比如,写错字就是不认真,统计数据有误差,没有使用尊称,等等。这也是他为什么甚至开始亲手照料马匹,因为这也可以作为攻击他的一个

借口。

司马懿殚精竭虑地工作着,用完美的工作让曹操找不到把柄。他的执行力和做事之周密实在让人佩服!

司马懿的护身符是什么?是他收敛锋芒、随高就低的心理策略。

“随高就低”来自宋朝释普济禅师的一首诗。在他所作的《五灯会元·浮山远禅师法嗣·衡岳奉能禅师》中有“苦乐共性,随高就低”一句。

“随高就低”是一种积极理智的入世心态。人在江湖,风浪不断,遇到困境如何应对,决定了你是能够顺应它还是被它绊倒。

人在江湖飘,情商大于智商。

不以物喜不以己悲,是一种超脱淡定的心态。很多人被人嫉妒甚至受到伤害,原因在于他们过于锋芒毕露,不懂得放低姿态做人。

一位老教师参加同学会。经过十五年的时间,这些学生已经在社会各行各业中有所发展。聚会结束后教师发现一个有意思的现象,那些当初在班上成绩名列前茅的学生,工作后并不是都有很好的发展,反而是那些在班中有些调皮但人缘很好的学生基本上都发展得不错。

可见,一个人纵然拥有高智商,却不见得在社会上混得好吃得开。高智商不等于高情商,前者在学习的时候起关键作用,后者则在社会生活中助你一臂之力。

姿态放低,不等于低头认输。虚心竹无低头叶,傲骨梅无仰面花。

过刚易折,木秀于林风必摧之,疾风过境,满目狼藉的是折断的林木,地上的野草反而是损失最低。在困境中选择硬碰硬的方式,只能够得到折木一样的下场,而明智地选择放低姿态,以退为进,却可以为自己赢得更大的生存空间。

随大流背后的心理秘密

天下事合久必分,分久必合。

公元 208 年下半年,魏、蜀、吴之间打响了历史上有名的“赤壁之战”。东吴和西蜀联合,对抗曹操带领的魏军。结果以曹操的彻底失败而告终。

十一年之后,历史以反转的方式再一次重演,昔日的对手如今成为目标一致的盟友。

公元 219 年,孙权与曹操结盟共同对付刘备。

让他们达成联盟的原因是驻守荆州的关羽发动了襄樊之战。孙权不想让刘备做大,对自己形成威胁。司马懿看出孙权的心思,于是向曹操献计。果然,孙权选择联合曹操,两家合力扑灭了荆州的火。

战况再一次出现一边倒的情况。这一次,关羽节节败退,最后以东吴的将军吕蒙攻下荆州,大将潘璋、朱然擒杀关羽而结束。

紧接着，在公元220年，孙权将被砍下的关羽的头颅这个“烫手山芋”封在盒子中，连同一封称臣的文书献到曹操手中。孙权在信中极力劝说曹操称帝，说这是一件顺应天命的事情，自己全力支持。

曹操当然不会相信“投机分子”孙权的话。但这件事转眼工夫让他化为己用，成为试探众人的工具。

包括司马懿在内的朝臣被曹操叫到一起开会。会议从孙权的这封信开始，在向众人宣读之后，曹操不动声色地扫视众人。

一时间大厅内很安静。

率先打破安静的是曹操的笑声。他在众人诧异的目光中，轻松地说：“孙权小儿没安好心，这是打算将我架在火炉上烤啊！”

眼神交错，大家读着彼此的心声。老大的意思是正话反说，还是就事论事呢？

最先发言的大约是最沉不住气的人，比如大将夏侯淳。军人出身的他是曹操的族人，是绝对的亲信，他毫无顾虑地表示自己完全赞同孙权的建议。

一石激起千层浪，大家开始争先恐后地赞同发言。在陈群和桓阶发言之后，司马懿也站了出来。他的话与众人大同小异，表示自己也认为曹操称帝是众望所归的事情，如同先贤尧、舜、禹继承王位一样，这是天命，不该违背。

在这件事上，只有一个唱反调的人，不是别人，正是曹操自己。

曹操对夏侯淳说：“如果命中注定皇位是我的，那么我就做周文王好了。”随后一言不发，任凭众人争论纷纷。

事实证明，曹操说到做到。他果然至死没有称帝。魏武帝的称号是曹丕称帝后追封的。

公元220年，曹操病逝。

司马懿作为治丧委员会的副会长，主持丧礼，并扶灵柩返回邺城，保证了曹丕政权的顺利交接。作为有功之臣，他在曹丕继位后立刻被封为河津亭侯，转丞相长史。

司马懿随大流大有文章。

因为他知道，唱反调有时候并不能让你与众不同，而只能让你死得更快。

曹操的真实想法谁也不能百分之百掌握。所以，当"火炉"的比喻出现后，大家还是众口一词地表示赞同孙权的建议，大约认为这不过是曹操的谦让之词。这是一次大规模的随大流事件，参与者很多都是聪明人，包括司马懿。

司马懿的说辞并不新鲜，与其他人的话大同小异。但是，这些聪明人都明白，此时此刻，关键不在你说了什么华丽的辞藻，而在于你的态度。也就是说，曹操不在乎你怎么说，而在乎你说不说。

为什么？

曹操这番作秀表演真正的目的是在试探众人的忠心。他寿数将近，已经开始谋算后事。至少要保证留给曹丕几个会办事且忠心耿耿的人。而孙权的信来得正是时候，给了他试探的借口。

司马懿在曹操手下混到军司马的职务，至少是一个会看眼色的人。凭借他多年对曹操的观察和判断，加上身旁几个一样精于谋略、有城府有心计的同僚都已经一致表态赞成，他如果不随大流站出来投出自己的一票，就不是司马懿了。

这是司马懿为数不多的在曹操面前公开表态，赞颂并拥戴他称帝。这违背了司马懿平日里低调做人的原则。而且，在当时汉朝未亡，汉帝尚在位的情况下，说出这样的话是大逆不道的行为。

但是司马懿没有别的选择，他必须说，且必须公开说。因为他已经为自己选择了一个阵营，这之后他就必须全心全力为这个阵营的发展而贡献自己的力量。同时，很多唱反调的“前车之鉴”已经用血淋淋的事实让司马懿明白曹操眼中绝对容不得态度暧昧之人。

人在江湖，常常是身不由己的，是被时局推动前行的。而在能够控制的局面下，司马懿总会选择那些对自己最有利的方式方法。这一次也不例外，他的政治生命得到延续和发展。

虽然他与同时期的那些才智水平相当的名人比起来，少了一些理想主义的远大抱负，比如毕生追求匡扶汉室的诸葛亮。此外，他也少了一些野心，似乎总是不温不火地低调地做着自己的事情，过着自己的人生。然而掐指算来，在当时这些名人中，却唯有司马懿的政治生涯最长。

追究其中的缘故，不唱反调、在紧要关头选择随大流是一大因素。领导喜欢的是听话好用的人，太有个性不好驾驭，沉默寡言不知道忠心与否。这两件事司马懿绝不沾身。至此，他想不得到重用，想不被领导欣赏都难。

随大流与唱反调是一组反义词。作为对立的形态，二者也必然无法同时存在。在一件事上，你不可能既随大流又唱反调，作为取舍，你必须要二选一。前者是一种集体行为，后者是一种个人行为。前者带有合作性、群体性，后者则具有鲜明的独立性、单一性。

当然，二者没有绝对的优劣，没有哪个是正确的事情，哪个是错误的事情，时局不同，情状不同，选择不同，效果也不同。

关于“随大流”，我们需要掌握以下原则：

第一，随大流是主旋律。

随大流并非贬义词，它的效果是正面还是负面，在于使用者的目的和手段，而不在这个行为本身。从宏观角度看，社会想要和谐发展必须有一定的规则用来约束大家的行为，在这个意义上，随大流是大势所趋，也是我们在大多数时候必须要遵从的做人做事的基本行动纲领。

第二，随大流并不是随波逐流。

值得注意的是，随大流并不等于随波逐流，二者有着明显的区别。前者是积极的自主选择的行为，后者则是放任自流的消极态度。

“随波逐流”更多的是一种既不抵抗也不争辩的态度，带有明显的负面的消极色彩。选择“随波逐流”就相当于选择了忽视做人做事的原则立场，选择了让自己变成一根毫无主见的随风倒的墙头草。这是一件很危险的事情，也是一件极其不负责的事情。不但是对他人的不负责，也是对自己的不负责。

“随大流”是审时度势的选择，可以是为了明哲保身，也可以是为了赢得人生胜利。作为谋算，是一种积极入世的心态。

关于“唱反调”，我们又知道多少呢？

“适者生存”告诉我们，人要先做到明哲保身。但这并不是说“随大流”才是唯一正确的选择。适时地唱反调有时候未必是一件坏事。当然，这种唱反调是有前提存在的。

第一，要明确唱反调的目的。

一般来说，唱反调是为让自己显得与众不同，从而达到引人注目的效果。

但是，这个引人注目的效果究竟是正面的还是负面的，要看唱反调的出发点是什么。是为了单纯地显摆自己，还是头脑冲动下的鲁莽行为，还是为了凸显自己的能力进而为自己赢得某种机会……

最正确的唱反调，应该是通过这样的反常规的表现形式让自己获胜。也就是说，唱反调的目的在于正话反说，尤其是在竞争者很多的情

况下，想要脱颖而出，适当地使用一些与众不同的手段让自己鹤立鸡群，这样更容易让对方眼前一亮，注意到你，并产生深刻的印象。

如果你要唱反调，请一定要知道自己是为了什么而唱。

第二，唱反调有注意事项。

首先，要选择不影响大局的事情唱反调。而不要触及那些事关原则性、道德性等比较敏感的事情。否则很容易搬起石头砸自己的脚，得不偿失。

其次，唱反调不是无理取闹，要注意使用时的方式方法。必须让自己有理有据。论点明确，论据充分，不容易被驳倒，也不容易被对手抓住漏洞，转而将你的唱反调变成他攻击你的靶子。绝对要避免的事情就是，即便你的唱反调不成功，日后也不会被人当成把柄翻旧账。

不争辩，用事实说话

魏黄初元年(公元220年)。

曹操病逝了，太子曹丕继位。同年，汉帝禅让皇位给曹丕，他取代汉朝建立魏朝，史称魏文帝。

继位之初的魏文帝内部外部的事务纷至沓来，千头万绪中难免会出现纰漏。作为他的优秀助理，司马懿总会适时从旁协助，指出出现的问题以及不当的决策，为曹氏王朝保驾护航。

然而，他们这样亲厚的关系，也依然有曹丕一意孤行，不听从司马懿建议的时候。

一次，有人来报，孙权带兵从西边而来，途经魏国境内。

关于这件事，第一，孙权没有事先知会曹丕；第二，魏国与吴国只是战略伙伴关系，私下互相都有取而代之的念头；第三，孙权是个远近闻名的投机分子。

所以，很自然大家的第一个念头是孙权想要浑水摸鱼。毕竟远有“唇亡齿寒”的典故摆在那里，不能不让人心生警惕。于是，朝议中大家纷纷指出孙权路过的樊城和襄阳城存粮不多，一旦孙权趁机攻城，不足以守御。驻守在襄阳城的曹仁也忧心忡忡地上奏，请求撤离。

就在一致的“阴谋论”声浪中，司马懿站出来唱反调了。他对曹丕说：“孙权刚刚打败了关羽，得罪了刘备。他不会在这个节骨眼再得罪我们，让自己腹背受敌。我认为他只是借路，绝没有生事的念头。”

顿了一顿，他继续说：“而且，无论是从水路和陆路位置来看，襄阳城都地处要害，是一道天然的防御屏障。绝对不可以放弃这个据点，将它拱手送人。”

司马懿的分析基于战局以及他对孙权这个人的深度了解，他的话很合情合理。可惜，这一次曹丕没有听他的，也许是反对的声音太强烈，让曹丕不由得心慌，不由得随了大流。

更有甚者，驻守襄阳城的曹仁在接到命令撤离的时候，做了惯常的也是愚蠢的焚城举动，损失不计其数。

结果，事实再一次证明司马懿的判断是非常准确的。孙权果然只是路过，并没有侵犯魏国之意。然而，樊城与襄阳城因为被焚而近乎变成两座死城，修复重建可谓耗时、耗力又耗财。

孙权听到这个消息的时候，恐怕会讥笑和耻笑魏国的胆小，咋舌于自己的虚张声势竟然得到意外的收获。

而曹丕，大约要在无人之处捶胸顿足，后悔不已，自己当初怎么就不能听取司马懿的建议呢？

从此之后，司马懿的话更加有分量了，他本人也更加被曹丕信任、敬重和倚重。

“神算子”绝对比“事后诸葛亮”吃香。

司马懿善谋略，他的眼光非常独到，非常善于根据形势做出准确的预判。这种能力源于他对信息的汇总分析，以及对他人心理的准确把握。

然而，即便他有着这样出众的分析能力，却也无法避免在人生各个阶段遭遇闭门羹。他经历了从曹操到曹叡三任领导，总有些事有些人让司马懿费尽口舌却不入这三个人的耳朵。

司马懿不会争辩，他深知弊大于利。即便在唱反调的时候，也会保持一定的度，绝不会做出逾矩的行为。这是一件值得效仿的行为——不争辩，用事实说话。

信任才是第一位

没有信任，合作关系就不会水乳交融。

对方能够毫无顾虑地接受你的建议，绝对基于对你百分之百的信任。在还没有达到这个程度的时候，按照人之常情，就算你是正确的，那么在没有得到验证的时候，一切还都是未知数的时候，对方并不能够确认你的能力。

不听从你的建议，多半因为在他内心深处并不完全信任你。如果了解到这一点，你就会明白，这时候就算你再如何据理力争，再如何阐述自己的见解，也不会对决策有什么影响。甚至于可能会因此而产生副作用，让对方疑心你另有所图，别有用心，反而得不偿失。

反过来，如果表达了自己的看法后，对方没有接受，其实不一定需要去争辩。只要你是正确的，只要事后的结果证明了你的正确，那么事后，一方面，对方会后悔没有听你的话而遭受了不必要的损失；另一方面，会对你另眼相看，产生“原来你这么厉害”的印象。

在接下来的日子里，基于他对你的印象已经有所改观，对你的信

任程度与日俱增，当再一次遇到争论，再一次你有不同见解的时候，对方因为信任你，多半会选择接受，至少会听进去思考一下你的观点，而不再是视而不见，听而不闻了，不是吗？

不争辩是聪明人

在现实生活中，每个人都会遇到被他人误解，或者自己的想法不被对方接受，或者有竞争对手在上级面前给你难堪……这个时候，出于自我保护的原因，我们很容易采用辩解或争论的方式，试图让自己摆脱困境。但是从成功概率上来说，这种方式并不可取。当矛盾激化到一定程度时，大家都丧失了理智，争论很容易升级为争吵，甚至从动口变成了动手。

适时冷处理，反倒可以缓解矛盾，给大家思考的时间，让彼此冷静下来，从而理智地分析问题，针对各自的利益做出最适宜的决断。

争辩要适度

在公共场合说话，与私下里的闲聊天不同，前者需要严谨周密地表达出自己的观点和见解，需要注意自己的措辞，后者则可以天马行空，无拘无束甚至无厘头。

在什么情况下不适宜争辩呢？

比如在面对上级的时候。即使上级是错的，也不要大大咧咧、毫不在乎地指出这一点，特别是绝对不能当众指出来。

王振在一家贸易公司的市场部工作。近日，公司在争取一个大项目，大家没日没夜地奋战一周，终于做出一份漂亮的计划书。

在事前演示的时候，总经理出席会议，却在半途叫停。他指着屏幕上出现的一个数据，对负责讲解的王振指责：“怎么搞的？这个数据难道没有核实过吗？为什么还在用去年的老版本？这是你做的？怎么这样粗心？难道不知道这个项目非常重要，绝对不容有失吗？胡闹！”

王振没有说话，眼角扫过坐在一旁有些局促不安的张经理，原本他在计划书中添加的是新数据，但是张经理在审核时硬是要求他改成了老数据。王振张开的嘴巴又闭上了，将这个错误承担到自己身上。

后来公司进行人事调整，张经理成功上位，曾经替他背黑锅的王振得到他的提携，算是为当初这件事给出了一份无声的补偿。

据理力争的下场，既不能够让你显得多么的贤明，也不能够解决任何问题，还同时会让上级因为丢面子而对你心生嫉恨。就算对方对你的逾矩行为包容一次，不代表次次都可以包容；就算对方当时可以一笑置之，也不代表他不会在日后借题发挥给你小鞋穿。

无论是受委屈还是背黑锅，在关键时刻理智地闭紧嘴巴，低下头，不争辩，适度主动地让自己吃些亏，反而可以让你得到更多意料之外的好处。

看到这里，如果面临这种情景的时候，你将会如何选择呢？

如何让上司对你刮目相看

魏黄初七年(公元226年)。

司马懿的最佳拍档曹丕病逝,临终的时候任命司马懿和其他两个人担任辅政大臣,并告诉他的儿子曹叡今后要绝对信任这些人。

政权新旧交替时期是最容易出现乱局的时期。一贯善于投机的孙权抓住这个时机,派遣诸葛瑾和张霸出兵包围了江夏,进而攻击襄阳。

战火燃起,新帝曹叡任命司马懿督军出击讨伐。

虽然之前鲜少有带兵打仗做统帅的机会,不代表司马懿没有这个实力。他打了漂亮一仗,不仅打败了诸葛瑾,还杀了张霸,并斩获了敌军一千多个首级。

这一仗打得曹叡很痛快,司马懿也很痛快。他也因为这个战功而被曹叡任命为骠骑将军,开始了他在军界的奋斗生涯。

曹叡兴奋之余,问了司马懿一个问题。这个问题他从继位开始就已经开始思考，也从身边很多人那里听取了建议。因为司马懿的表现，他决定听一听司马懿的想法。

曹叡继位后想要完成父辈祖辈没有完成的功业，对攻打东吴还是西蜀，有些难以抉择。

面对曹叡的询问，司马懿略微沉吟后给出了自己的回答：我认为应该攻吴。

司马懿的建议很新颖，很有独创性，也让曹叡眼前一亮。

司马懿说："我认为攻打吴国还是有很大胜算的，因为有一个很大的漏洞可以利用。"

司马懿表示："我们过去攻打的时候都是将主战场设在长江下游，也因为这个原因，东吴也将那里作为防守重地。反过来，他们在长江中游地带就只设置了一些散兵。大约是认为这里有天险依仗，而我军又不善于水战。"

曹叡很认同这一点，他开始随着司马懿的话思考。

司马懿接着说："如果我们暗中操练水军，提升水战的实力。一方面佯装主攻下游，却声东击西从中游的夏口突破，出其不意攻其不备。当吴军的主力赶赴下游的时候，我们乘虚而入，利用时间差甚至可以端了东吴的老窝。"

太妙了！曹叡不禁拍案而起。这样的策略是他闻所未闻的，但绝不是胡言乱语，而是具有可操作性和创新的方案。他似乎看到了胜利，进而对司马懿这个人更加刮目相看，不再是因为父亲的临终嘱托，而是从内心产生可以委以司马懿重任的想法。

兴奋之余，曹叡将这项工作交给司马懿全权负责。安排他驻守宛城，在那里操练水军，同时总督荆、豫二州的军务。

如此，司马懿实现了自己在军界的三级跳，成为军界仅次于曹休

和曹真的实打实的“三把手”。

机会总是给有准备的人。

在任命司马懿率军抗击诸葛瑾和张霸的时候，也许曹叡还并不完全相信司马懿的能力，毕竟他们还是很生疏的关系，互相都不了解，但是曹丕的遗言让他赌了一把。

虽然有赌的成分，但是无论是作为曹操时期的军司马，以及曹丕时期的总督后方事务的主管，司马懿过往的业绩也让他有这个资本。

司马懿的成功既验证了曹叡没有看走眼，也验证了自己的实力，于是他才可以获得骠骑将军的职位。

从这一点来说，想要成功上位，必须让自己在管理者的眼中有被利用的价值。

带军讨伐诸葛瑾这件事对司马懿而言也是一个赌注。他面对的是一个只能赢不能输的赌局。

军权按照惯例是只能够掌握在曹家人手中的，司马懿即便有实力也得不到实权。这一点，从曹丕时期可见一斑。关系如此铁，司马懿从头至尾也没有作为统帅带兵打仗的机会，而只被任命为后方的总管。

司马懿虽然有野心，但缺少一个表现自己的机会。而这个机会直到曹叡上台后他才获得。但是，获得机会不代表可以成功，因为如果他没有抓住这个机会，那么，从今往后恐怕再也没有机会。

司马懿当上了骠骑将军，军功却要靠打仗建立，但是仗不是随时都有的。好在当时战争还是不缺乏的。

但是，有仗打不代表有司马懿的份儿，或者司马懿能参加不代表他是一把手。他并没有将未来寄托在他人手中，而是自己创造机会，于是有了后来的攻吴献策。如果没有这个计策，他无法获得督军的权力，不可能成为曹叡下一步攻击计划的主要执行人选。

司马懿在为自己的未来铺路,他铺得很好,但也有前提。这个前提就是他可以在曹叡询问的第一时间给出一个有创意又有执行力的计策,而不是人云亦云的空洞答案。

当你开始主动为领导分忧的时候,他又怎么会不将你视作自己人信赖并大力栽培呢?

所以,不要羡慕那些成为幸运儿的竞争对手,他能够成功上位必然有自己的努力。很多人在面对无法预知的挑战的时候,会选择逃避,因为害怕失败而不敢尝试,而成功的人多数都是那些敢于当"吃第一个螃蟹"的人。

在关键时刻敢于挺身而出,为管理者出谋献策、分忧解难,接过重担,并顺利完成工作。这样的人怎么能不被刮目相看呢?下一次再有这样的问题出现的时候,又怎么不会被选为最佳的执行者呢?

没有人是完人,尤其在工作中都会遇到困扰、棘手事务。作为下属,如果你在完成自己工作之余,可以站在管理者角度思考,找到他当前的困境,为其排忧解难,让对方有兴趣去了解你、观察你,认识到你的价值,不失为一条捷径。

第三章 定力 成功是“熬”出来的

时间是把杀猪刀，只要你等得起，也能不战而胜。

可以说，司马懿的成功是熬出来的。只要有耐心，同时保持实力，铁饭碗也可以换成金饭碗，“千年老二”也有出头当老大的一天。

“打草惊蛇”的秘诀

魏太和元年(公元 227 年)。

作为曹叡继位后的第一年,政局动荡不断。

司马懿作为总督荆、豫二州防务的一把手来到了宛城。

辖区内的魏兴太守申仪突然找到司马懿，向他密报了一件大事。申仪表示:他从蜀国内部得到可靠消息,新城太守孟达有不臣之心,已经勾搭上旧主蜀国,与诸葛亮合谋,准备反魏。

司马懿很不待见孟达这个人。当初他叛离蜀国投降到曹丕手下的时候,司马懿就三番五次地告诫曹丕,认为他是个反复无常的小人,不能任用。可惜曹丕不听,对孟达又是封侯,又是任命他当了新城太守。

司马懿知道他的话被当成耳边风的一个原因是口说无凭,他也没有证据证明自己的观点。屡谏未果,他只能在暗中观望。

太和元年,是曹丕死后曹叡上台的第一年,也是最容易出现动乱的时期。

申仪的密报让司马懿眼前一亮。为了将孟达反叛的事坐实,他派遣亲信去见孟达,这名叫作梁几的参军带着司马懿交代的任务,成功引爆了孟达这颗定时炸弹。

事情的经过大致是这样的——

梁几旁敲侧击地对孟达表示:悄悄告诉你,有人给你穿小鞋,向皇帝举报你要造反。

心事被说破,孟达心惊。

梁几又表示:我家司马将军让我带个口信,他说为了表示你是清白的,建议你回京城一趟,当面对皇帝说清楚这件事。误会解开了就没事了。你看,咱们什么时候走?

孟达不傻,不会相信梁几的话,也不认为这个建议是为自己着想。叛徒多是重利又惜命的小人,孟达就是这样的人。本来打算左右逢源的他,只想和蜀国“暗通款曲”,两边得利。梁几的话他只听到了四个字,那就是“东窗事发”。现如今便宜显然已经占不成了,回京城的建议在他看来更像是一个为他设计好的陷阱。

当贪心被恐惧所取代,孟达成为惊弓之鸟。既然消息走漏,反正下家已经找好了,干脆公开反了吧!

史书是这样记载的——

> 魏兴太守申仪与达有隙,密表达与蜀潜通,帝未之信也。司马宣王遣参军梁几察之,又劝其入朝。达惊惧,遂反。(《三国志·魏书·明纪》注引《魏略》)

为什么司马懿这时候要打草惊蛇?

事实上,司马懿想对付孟达不是一两天了。因为缺少可以光明正大出手的证据,所以这次他使用“打草惊蛇”的策略之后才出招。那么,

就引出一个问题：他为什么挑选这个时机动手呢？

这就需要谈谈“打草惊蛇”策略的使用效果了。

一般来说，“打草惊蛇”有两个效果，一个是正面的，一个是负面的。前者是想要引出深藏不露的对手而使用的招数，后者则是盲目动手后导致对手提高警惕，藏得更深的反面结果。使得恰当，打草惊蛇可以引出并抓住蛇；使得不恰当，打草惊蛇可以让蛇受惊吓逃掉，从而落了个鸡飞蛋打。

孟达不是傻瓜，也有一定的智慧。司马懿想设局诱他入彀必须要保证这个局足够以假乱真。因为打草惊蛇是一次性的手法，一次不成功必然会令对方产生戒心，从而再无法在这个人身上使用。这大约是司马懿一直没有出手的原因，他在等待最佳时机，直到太和元年。

司马懿选择这个时机出手并不全因申仪的密报，而是因为他发现了一个隐形的盟友。这个时机的出现，与其说是申仪送来的，不如说是那个隐形的盟友送来的。

这个隐形盟友就是诸葛亮。

申仪不是顺风耳，他的消息与其说是打听来的，不如说是有人故意让他知道的。孟达是蜀国的叛臣，诸葛亮一样讨厌他。孟达所在的新城离蜀国很近，正盘算着攻打魏国的诸葛亮将之视为一大隐患，必须要先除掉他然后再图大业。大约是申仪与孟达的嫌隙已经闹得尽人皆知，诸葛亮才选中了这个人。于是，他派郭模假模假式地投降申仪，只要透露关于孟达阴谋的只言片语，申仪必定会如同打了鸡血一样兴奋不已。

司马懿即便讨厌孟达也不会像申仪那样兴奋。知道消息来源后，稍加分析就会知道诸葛亮这是想要借刀杀人。撇开诸葛亮背后的图谋是什么，但是司马懿愿意借这把刀，于是双方一拍即合。

有了诸葛亮的从旁引诱，孟达的心像坐上了过山车，忽悲忽喜，贪婪交织着担忧。过于激动的情绪会减弱大脑的分析判断能力。火候差不多，司马懿再踹了临门一脚，派梁几将申仪打小报告的事情告诉孟达。刚刚得到诸葛亮“暖语温言”的孟达，一咬牙，公开反了。

关于这段历史，《晋书·宣帝纪》是这样记载的：“达于是连吴固蜀，潜图中国。蜀相诸葛亮恶其反覆，又虑其为患。达与魏兴太守申仪有隙，亮欲促其事，乃遣郭模诈降，过仪，因漏泄其谋。达闻其谋漏泄，将举兵。”

孟达之所以会上当，原因全出在心理上。

淝水之战，谢玄在实力悬殊的情况下大获全胜，靠的就是他击垮了对手的心理。“风声鹤唳，草木皆兵”的典故就出自这件事。苻坚的豪华旗舰一样的队伍不是死于谢玄的攻击，而是自己吓死了自己。

打草惊蛇主要攻击的是对手的心理防线。一旦心乱了，很容易犯错。对手犯错就是你获利的最佳时机。

“好马不吃回头草”是好听的说法。孟达是蜀国的叛臣，如果不是万不得已，就算诸葛亮许以丰厚的利诱也未必会让他心动。但孟达偏偏心动了，为什么？

时机很微妙，在太和元年，孟达的心理发生了巨大的变化。

始终相信孟达的领导是曹丕，他死了。与孟达交好的朋友是桓阶和夏侯尚，他们也相继去世了。在孟达眼中其他的人是敌非友，新皇帝曹叡的态度暧昧不明，身旁还有一个时不时狂吠的死对头申仪虎视眈眈。出身本就有严重污点的孟达做不到心怀坦荡地面对这一切。他充满了怀疑，怀疑加重后成为阴谋论，阴谋论再一次将他变成了墙头草。

诸葛亮的诱惑成了发酵剂，司马懿补上临门一脚，这个名叫孟达的“足球”果断应声入网。可以说，司马懿和诸葛亮“互帮互助”地铲除了共同的障碍。

打草惊蛇是心理学的一种巧妙用法，司马懿的案例给我们以下启示：

第一，打草就是为了惊蛇。

打草惊蛇，针对的是已经受惊的蛇。本来就惶惑不安，微小的声音都可能让它再一次惊动。心有歪思邪念的人本就不安好心且心怀鬼胎地想要算计人，还没出手阴谋却被点破，好比藏身在阴暗处忽然被大灯照射，心境会发生骤变。慌张导致条件反射地防御从而忙乱出招，忙乱就会出错，出错就离失败不远了。

第二，不给点儿猛料刺激不到对手。

打草惊蛇，打草是用工具用力去打，不是风吹，不是拨弄。蛇不是兔子，小打小闹对它不起作用，只能算是隔靴搔痒。

打草惊蛇，惊的效果追求的是两种：要么惊疲了对手，让他没有招架之力；要么惊傻了对手，让他不知道防御。所以，力度一定要到位。

“借风使船”让你一帆风顺

孟达反了，他的死期也就到了。

司马懿终于找到铲除孟达的光明正大的借口，当即带队只用了八天时间就火速赶到孟达驻扎的上庸城外。

孟达睡眼蒙眬地爬上城楼，错愕地看着城外严阵以待的司马懿，三魂七魄顿时飞走了一大半。很快，他被自己人出卖给司马懿，命丧黄泉。

故事结束了吗？没有，好戏还在后面。

司马懿在琢磨——申仪的密报消息究竟是从哪里来的？在几经打探下，司马懿意外地嗅到了一丝阴谋的气息。千里之外，还有一个人也视孟达为眼中钉，这个人就是蜀国的诸葛亮。而申仪不过是他利用的一枚棋子。原来，申仪与蜀国诸葛亮一直暗中联系。

如何除掉隐藏的内奸呢？放心，司马懿自有妙计。

司马懿打胜仗回到宛城后，按照当时的老规矩，他治下的那些郡守都要来向他祝贺胜利。魏兴太守申仪不知道是高兴过头还是心有顾虑，唯独他没有露面。

司马懿派人传话给申仪，语带嘲讽地表示："怎么大家都来了，申太守你却连个影子都看不到呢？你好大的架子啊！是不是不把我放在眼里呢？"

这是司马懿借题发挥的欲加之罪，偏偏申仪无法辩解。没奈何，他只好匆匆准备了一份厚礼赶去面贺司马懿。当然，这一走就有去无回了。

当申仪步入司马懿府衙大堂的时候，等待他的不是迎客的茶水，而是站立两旁的刀斧手。在司马懿一声令下后，申仪瞬间被制服。司马懿走过场地细数了申仪的罪名，然后大义凛然地将申仪收押起来，派专人将他押解回洛阳交给曹叡处置。

至此，孟达事件彻底结束。司马懿这一次出手，显然并没有打算只抓住孟达一只鸟。而申仪直到最后还蒙在鼓里，不知道自己已经成为砧板上的另一块肥肉。

很多时候，借助外力可以轻松达到自己的目的。哪怕这个人是你的对手和敌人，如果你善于布局，一样可以巧妙借力。在这一次的"借风使船"中，司马懿显然布下了一个连环计。

第一计：借诸葛亮的手除掉孟达

孟达早就是司马懿心头的一根刺，只不过一直没有合适的理由除掉他。

撇开诸葛亮的动机不谈，司马懿在发现诸葛亮一样想除掉孟达这个事实后，终于不再犹豫。他抓住时机适时地插了一脚，将孟达彻底

“逼上梁山”。

说起来，孟达在接到蜀国李严的劝降信之后还在犹豫之中，或者说，他还有更大的野心，比如说，坐拥地方势力，自立为王，然后左右逢源，两边获利。

有时候，野心与实力不相称是一件非常危险的事情。

孟达前一刻还在高兴地读着诸葛亮的慰问信，后一秒被他人告知，朝廷已经知道了他要谋反的事情。当然，这个消息是诸葛亮经由申仪传到司马懿的耳朵中，司马懿再借手下人，掐头去尾地转告给孟达的。

消息真真假假转了一圈，从孟达开始，又回到孟达这里。

孟达事情败露不得不反，这一反就彻底将自己送上了死路。

第二计：借孟达的事情除掉申仪

孟达固然令司马懿厌恶，但是还有一个人在这件事上因为暴露自己的野心而引起司马懿的注意。这个人正是告密者申仪。

他是一个贪婪的小人。

很明显，申仪的告密绝对不是出于什么忠君爱国的目的，而是想要借刀杀人，利用司马懿的手除掉实力强于自己的孟达，自己坐收渔利。

这都是司马懿玩剩下的把戏，怎么会让他如愿呢？如故事中所说的那样，司马懿简直没费吹灰之力就手到擒来除掉申仪。他的借口恰好是刚刚命丧黄泉的孟达提供的。

一切都水到渠成地顺利进行着，司马懿不过是适时抓住了几个合适出手的时机，四两拨千斤地没有花什么气力就达到了一石二鸟的目的，不能不说是一个老谋深算的牛人。

由此可见，司马懿是一个借力高手。

何为"借力"？

在现实生活中，借风使船虽然可以让我们更加省时省力地达到目的，但是在使用的时候也会出现不同的效果。

某集团下属的分公司要进行内部干部选拔，总经理出了一道题，让两名候选人用一周的时间提交一份新的管理条例。然后，以匿名的方式对外公布，由全体员工以不记名投票的方式对管理条例进行选择，票数会作为主要的参考数据。

候选人甲在这一周的时间里，查阅资料，参考其他案例，并找到业界朋友咨询，终于苦思冥想出一套办法，也得到了总经理的认可，认为面面俱到。然而当结果发布的时候，他却落选了。

原来候选人乙在这一周的时间里，首先将这件事安排给下属去做，下属们汇总了大家的意见后交上各自的版本，他再对这些版本进行修改完善，综合出一套管理办法。乙的管理办法虽然并不完善，但是非常有针对性。于是在投票的时候，得到了更多的选票。

甲的失利在于他不懂得借助内部力量。乙却通过集思广益的方式，借用内部力量获胜。

当你遇到瓶颈的时候，当你束手无策的时候，是一根筋地冥思苦想，希望找到解决办法，还是选择借助外力，依靠他人的智慧解开难题呢？

都说"船到桥头自然直"，其实这是流体力学原理。一般有桥的河段不会很宽，河水在这里会加速流动。船行驶到桥下的时候，会遭遇到一股拉力将船向河中心拉，于是船到桥头自然直了。这其实也是外力和合力作用的一种结果。

所以，遇到难题的时候，不要听之任之，也不要一厢情愿地认为会找到解决的办法。想要完美地解决难题，最好的方式是要懂得借力。

你会“借力”吗？

当然，明白借力的重要性，既不能什么事情都借力，这样会显得你很无能，也不能在慌乱中瞎借力，这样可能非但借不到力，反而会让自己受制于人。

“借力”这件事是有注意事项的。

第一，借力有时候是无形的。

借力时需要用开阔的眼界来观察事态。要知道，并不是所有的借力都要以实际的有形的方式体现出来。有时候，借力也可以是自我学习的方式。他人的成功经验，专业人士的指导，都可以成为自己借助的力量。

第二，强强联合。

有一句话叫作“站在巨人肩膀上成功”。如果你要借力，请选择那些有实力有地位的人，或借助有影响力的事情。综合二者的智慧与实力，才可以达到“1+1>2”的效果。

或者在数量上取胜，或者在质量上取胜。如果两者都不占，还是不要借了，因为就算借也没有什么好的效果。

是馅饼，还是陷阱

魏太和二年(公元228年)。

这注定是一个多事之秋。49岁的司马懿雄心勃勃地奔赴宛县操练水军，以期不久的将来可以一展所长，领军攻打东吴。

夏天刚到，一盆冷水将他浇个透心凉。因为曹叡下令他作为副手跟随大司马曹休攻吴。

曾经被许诺作为攻吴主力的司马懿一下子成了替补队员。司马懿听到事情始末之后第一反应是：自己的苦心谋划付之东流了！但是上司的命令不能不听从，他有些郁闷地整队上路。

司马懿越走越觉得不对劲，越想越觉得这件事很诡异。

返回来，看看让曹叡迫不及待出手的原因。

攻吴计划来自曹休，这一次的主帅。

东吴孙权用一招苦肉计让曹休相信了诈降的东吴鄱阳太守周鲂。天上掉下一块馅饼,还是冲着自己的脑袋掉下来的,他如果不吃太可惜。于是,曹休上当之余想出一个里应外合的计划,然后曹叡被成功忽悠得怦然心动。再然后,司马懿提出的新战术被曹叡抛到脑后了。

当曹休带着人马兴冲冲地赶往皖口, 准备和周舫接头的时候,他看到的却是摆开架势、早就严阵以待的东吴大将陆逊。后面的事情可想而知,毫无心理准备的曹休被打得落花流水、损失惨重,勉强退守到石亭。

要不是贾逵一路急行军带队及时救援,曹休很有可能看不到明天的太阳了。

吴军见好就收,趾高气扬地带着战利品,鸣金收兵撤走。

魏军元气大伤,草草包扎伤口,清点损失后打道回府。

怎么能漏了主角呢?

这个时候,司马懿在哪里呢?

魏军兵分两路出发,司马懿带队策应。

两队人马相差无几地出发,一个恨不得立刻飞奔到战场,另一个则走马观花,行军倒成了郊游。自然,前者是急于立功的曹休,后者是心存疑虑的司马懿。

事实证明,司马懿的第六感很灵敏也很准确。这不过是个“周瑜打黄盖”的翻版故事。不存在天上掉馅饼这样的好事,掉下来的只能是砸死人的石头。曹休就是那个被砸中的人。

司马懿带队从汉水而下,所以并没有遭遇这次阻击战。

司马懿根本没有遇到任何吴军,也没有打上一场哪怕是小规模的战斗。因为司马懿感觉不对劲后,本着明哲保身的原则,他有意放慢了脚步，并没有完全遵照曹叡的命令，以急行军的方式奔赴前线为曹休助阵。

司马懿在如同郊游一般的龟速行军的半路上，不出意料等到了来自曹叡的“停止前进，打道回府”的旨意。皇帝的命令要绝对服从，大家就当是操练吧。司马懿大手一挥，众人原地折返。

对比风尘仆仆赶赴前线又灰头土脸血染战袍的其他队伍，作为唯一一支没有交手记录的队伍，司马懿虽然无功无过，但至少是安然无恙地回到了宛城。

曹休难道就没有考虑过这是个陷阱吗？

曹休不是笨蛋，曹操在世的时候就在军中把他历练得资格够老、经验够丰富。按道理不应该上当却上当的背后，是曹休陷入了自己设定的“海市蜃楼”。

现实生活中也有很多聪明人上当的事例。不是因为骗术高明，而是因为对手“投其所好”，下对了药。曹休想要立功，曹叡想要在登基之初立威，孙权利用了二人的这种心理。因为一心想的都是“得到”，反而失去了平常心，不能理智而冷静地分析情况，从而做出了错误的决定。

太想“得”，反而让你被牵制、被蒙蔽，看不清真相，最后导致“失”。

原因就在于贪心和野心。

与曹休不同，司马懿善于后发制人，善于明哲保身。多年来养成的谨小慎微的习惯，让他在遇到问题的时候，首先想到的是自己会不会因为这件事受损。

因为先做好了最坏的打算，然后再行动。即便不会成功，但至少可以让自己减少不必要的损失。于是，在攻吴这件事上，了解前情之后的司马懿马上嗅出了诡异的味道。相比较曹休首先想到可以利用对方，司马懿考虑的是对手是不是在利用我?

工于谋算的人,常常会设身处地地换位思考,经常自问:如果我是对手,这样做是为了什么?这件事对我是馅饼还是陷阱?这件事获得和面临的风险孰轻孰重?

一番衡量后,司马懿选择消极怠工了。

盘点这件事,从闹剧开始,以悲剧和喜剧的形式结束。

闹剧是曹休的,喜剧是司马懿的,悲剧则是贾逵的。

一件事,导致了三个人不同的人生命运。

闹剧之曹休

曹休带着一肚子的怨气与羞愧回到洛阳。军人的尊严让他立刻向曹叡请罪。但是曹叡只是宽慰几句就将事情带过了。

原因很简单,第一,曹休是曹操的族子,曹操对待他像亲儿子一样,曾经当众夸赞他是“吾家千里驹”;第二,曹休是军中的老大,是曹叡的叔辈;第三,决策是曹叡下的,他也有责任。

这所有的因素集中到一起,让曹休有了坚固的保护伞。于是,曹叡非但没有怪罪曹休,反而派人向他宣旨表示慰问,还赏赐了很多东西。

曹叡没有惩罚他,不代表没有闲言碎语,也不代表曹休自己能够咽下这口窝囊气。气大伤身,不久曹休后背长了毒痈,医治无效,撒手人寰。

他将自己气死了。

喜剧之司马懿

虽然出征带着不情愿的心态,但是作为刚刚在军界得到任用机会的新人,司马懿还没有足够的资本。他必须老实听话。当然,出于维护自身利益的目的,他用“先谋身再谋事”的消极不作为的方式来应对。

虽然表面上看,攻吴的失败,大家谁都没有什么好处。但事实上却

并非如此。

军中老大曹休死了，大司马的位置空了下来。太和四年，二把手曹真顶替曹休成为新一任的大司马。而他的大将军的职务顺理成章地落到三把手司马懿的头上。不费力气得到实惠，显然在曹休攻吴失利这件事上司马懿也不是一无所得。

悲剧之贾逵

除了曹休和司马懿，在攻吴事件中还有贾逵。作为最应该被表彰的人，他却乏人问津，甚至沦落为一个笑柄。

回来后，曹休的邪火无处发泄，听说曹叡想要表彰贾逵，心气不顺的他向曹叡上书：贾逵平素性格又臭又硬，常常有侮辱下属的事情告到我这里，他不适合担任太高的职务。于是，硬生生将表彰的事情搅黄了。

事情起源于石亭。原来，贾逵赶到石亭后被曹休责怪救援迟了，心直口快的贾逵当即顶撞曹休说："我作为豫州刺史，能来救援就不错了！"于是带着自己的队伍走人。

曹叡不能不给曹休面子，但贾逵是功臣，处理不好会损伤军中士气。曹叡最后只能够以和稀泥的方式，大事化小小事化了，将一切弹压下去。

贾逵空欢喜一场。因为他的过于刚硬的脾气得罪了不该得罪的人，连同自己本该得到的利益也烟消云散。由此可见，不会做人的下场多么的可悲。

成功不是硬着头皮往前冲，而是要学会随机应变。

在现实生活中，存在很多需要保存实力而选择随机应变的情况。

表面上的输赢与实际的输赢有时候是相反的，除非有强大到无与伦比的实力，可以不理会局势是否有利于自己，因为那样也能稳赢不输。如果实力欠缺,那么我们还是尽可能选择“见机行事”的方式吧。

勇气是值得歌颂的，所以英雄在人们的眼中永远处于至高无上的地位。但是追求勇气不代表要逞强好勇,不代表要不计代价地要酷逞能。

随机应变是一种圆融的处世之道,明知不可为却硬要去做的勇气固然令人激赏,但是孤勇都是需要付出一定代价的,有时候勇气换来的并不是成功,而是另一种损失,且得与失之间并不平衡。

司马懿识时务地选择让自己随机应变,凡事以自身的安危作为出发点。

成功是“熬”出来的

魏太和二年(公元228年)。

大司马曹休攻吴未成功,返魏后不久因病去世。

不久,曹叡下诏让大家举荐良将,显然,曹休的病逝对于魏国的军事力量是一个很大的打击。

但是,良将如同千里马,伯乐常有,千里马并不常有。只会纸上谈兵可以当军师,统帅却需要真刀实枪搏杀出来。从这一点说,当时的魏国军界有些青黄不接的味道。

当然,还是有些人可以用的,比如大将军曹真,比如大将张郃,再比如刚刚建功被晋封为骠骑将军的司马懿。

前面提到过,新旧政权交替的时候最容易出现动乱。除了吴国的趁火打劫,西蜀在诸葛亮的管理下也没有闲着,时不时犯边挑衅,让曹叡比较心烦。

太和四年,曹叡任命曹真为新一任的大司马,而曹真原来大将军的职务落到了司马懿头上。

新官上任三把火,曹真热血沸腾地自请出兵伐蜀。

对于他的提案,反对的占大多数。反对的理由很简单,因为蜀国有诸葛亮,只这一点足以令人望而却步。更遑论蜀道之艰险难行。

曹叡表面召开代表大会集体讨论这件事,心中还是渴望出战的,就如同当初攻打吴国一样。在这个原因的支配下,他默许了曹真自作主张整军筹备,并亲自出席了誓师大会。会上曹真情绪激动地表态,曹叡做了具体的部署。

司马懿也接到了旨意,这一次他依旧作为二线部队,辅助曹真伐蜀。

如同当初辅助曹休攻吴一样,司马懿并不看好这次行动。好在二把手的地位虽然没有拍板决定的话语权,反过来看,天塌下来也一样还有个高个的人顶着,不至于全砸到自己头上。

君命不能违背。司马懿打点队伍,再一次走出宛城。

曹真再怎么牛,也牛不过诸葛亮。他虽然做了周密的计划,却忽略了一件事情。正是这件事的发生让他在还没有与蜀军交手的时候就大吃苦头。

让曹真忽略的正是气候与地理的影响。

出发到半路,先头部队的夏侯霸首当其冲遭遇了连绵的雨季,本就难行的蜀道更加泥泞,前后都是水天一色,白茫茫的让人绝望。实在走不下去了,魏军就地扎营休息。突然,严阵以待的蜀军如同天兵天将一样出现在面前。蜀道如羊肠,前进慢,后退也很慢。魏军边战边退,本就不高涨的士气受到严重的打击,险些全军覆没。

这一战是曹真此次伐蜀唯一的一战,诸葛亮在后方羽扇锦纶,等

待着魏军撤退的消息，他不是不紧张，而是知道天时地利对于一场战争来说是多么的重要。

曹真运气太差，从出发时的意气风发，到此刻进退维谷的坐困愁城，他开始后悔自己当初为什么要主动蹚这潭浑水。好在这场连绵了一个多月的梅雨也同时搅碎了曹叡的美梦，再加上这次伐蜀本就被众人反对，内外兼忧，曹叡无奈地下旨。

这一切发生的同时，司马懿依旧慢悠悠地行进着。

蜀道是他拿来搪塞自己消极怠工的最好借口，再加上雨季的到来，更是让他确定了曹真这一次必败无疑。根据《晋书·宣帝纪》记载：“帝自西城斫山开道，水陆并进，溯沔而上，至于朐忍，拔其新丰县。军次丹口，遇雨，班师。”也就是说，从接到旨意整军出发，到再一次接到旨意班师回城，间隔近两个月的时间，司马懿的队伍即便水陆并进，也只行进了几百里。可谓再次创下最慢行军的纪录。

装模作样地带领队伍天天砍树打通道路行军的司马懿不出意外地接到撤退的旨意，又一次毫发无损地返回。

虽然司马懿可以笑着回去，但是曹真就没有这么幸运了。他知道回去后迎接自己的是什么，毕竟当初是自己力排众议表态要取胜，如今只打了一场败仗就灰溜溜地返回，颜面全无不说，想到那些鄙夷的目光更是让他郁闷不已。愁苦的情绪让曹真在回程中病倒了。

同样作为与曹休一样气性大的曹家人，曹真没有跨过自己心里的坎儿，尽管回到洛阳后曹叡还亲自登门探望以示宽慰，但没过多久，曹真还是撒手人寰了。

老天爷帮司马懿铲除掉曹休和曹真这两座大山，接下来，就该轮到他大展身手了。

时间是把杀猪刀,只要你等得起,也能不战而胜。

可以说,司马懿成功上位是熬出来的。

司马懿在曹叡登基后才开始掌握军权,这一点其实有很大的运气成分。不是他多么有实力,而是曹家实在是后继无人了。

从曹操建国以来,军权基本上掌握在自己族人手中,这点成了祖训,外人能力再强也只能够做到将军,再向上就不要痴心妄想了。曹叡登基初期还有曹休和曹真两位元老级将领把持着,可惜他们能力不足,野心却不小,自己把自己玩死了。

于是,司马懿被天上掉下来的馅饼砸到头,中奖了。可见,只要有耐心,同时保持实力,铁饭碗也可以换成金饭碗,“千年老二”也有出头当老大的一天。

你是“千年老二”吗?你在为这个尴尬的角色而烦恼吗?在鸡头凤尾之争中,你是选择做“鸡头”还是选择做“凤尾”?

不同的选择可以影响你未来的发展。“鸡头”是老大,但当老大有压力。另一方面,枪打出头鸟,老大也是靶子。“凤尾”是老二,有风雨前面有人顶着,有利益大家共同享有。同时,还因为站得近,可以从老大那里暗中偷师。而且,一旦老大出事,你自然是当之无愧的最佳候补。

可见,其实做一个“老二”未必不是一件好事。

杜鹏最近很烦恼。作为企业中的元老级职员,他已经连续第三次被领导任命为“救火员”的角色了。让他郁闷的是每当自己在新岗位努力将事务带入正轨之后不久,他就会再一次被调到其他部门。最气闷的是每一次都是副手职位,让他感觉自己被愚弄。

似乎“千年老二”成了他的命运。于是,当第四次得知自己又要换岗的时候,杜鹏爆发了,打断了总经理的话,夺门而出。委屈的他甚至考虑是不是要改换门庭,另找一家识货的企业了。

事实上，杜鹏忽略了一件事。他只站在自己的角度思考问题，却没有去深究自己成为“救火员”这件事背后的深意。也许第一次调动是歪打正着，但之后的几次却是领导在欣赏杜鹏工作能力后，有意对他进行的考验和观察。

领导认可了他的能力才肯不断地将困难的工作交给他做，这是对他能力的信任，也是对他工作的肯定。如果杜鹏能够想到这一点，同时能够时常主动与领导沟通，或许就不会让他如此郁闷了。

看起来，“救火员”似乎无法在一个位置上扎根深入发展。但是，除非你想要困于一隅，或者说想要做非常专业性的工作，那么，了解所有岗位工作内容，能够在任何岗位上都游刃有余地做好，不是让自己成功上位得更好、更雄厚的资本吗？

从这个角度考虑，“救火员”只是前身，当你有能力胜任之后，要努力将这个身份转化为“万金油”。对于领导来说，专业人士很重要，万金油更不可或缺。

在这个过程中，最终的胜利者属于能熬的人。

第四章 破局 打破聪明人不败的神话

诸葛亮是三国不败的神话，谁能打破这一格局？

这个人就是司马懿。当战局变得胶着而难寻出路的时候，司马懿总能突破思维框框，以无招胜有招。有句话是“乱拳打死老师傅”，在“无招”中“乱拳”也是一种独门路数。

扔炸弹和拆炸弹的智慧

魏太和五年(公元231年)。

诸葛亮出兵围攻魏国的祁山,吹响了第四次北伐的号角。

曹叡任命司马懿为总指挥,带兵解围。

这是司马懿与诸葛亮第一次交手。此时的诸葛亮早已经名震三国,他指挥的军队所向披靡,战绩令人闻风丧胆,神机百变的招数,令很多将领铩羽而归。而彼时的司马懿,在军事方面还只是一个新手。

胜率在战局尚未开始的时候是一边倒的态势,基本上不会有人相信司马懿可以战胜诸葛亮。而曹叡之所以任用司马懿,更多的是因为他已经没有其他更好的人选了。

司马懿带着人马赶到祁山却扑了个空。诸葛亮早就带着主力部队悄悄抢占了邻近的上邽。司马懿又马不停蹄地奔赴上邽,然后看到诸葛亮的人马一边等着自己,一边明目张胆地抢割上邽城外成熟的麦子。

这是诸葛亮的计中计，他既要用疲军之计打败司马懿的魏军，同时还要顺手牵羊，尽可能多地抢麦子作为自己的军粮。

明明是自己的地盘，却被诸葛亮弄得好像他是庄家似的。魏军很气愤，叫嚣着要赶走诸葛亮。司马懿却冷静下来。

诸葛亮发现对手没有如他所愿过来攻打，反而撤到邻近山口安营扎寨。诸葛亮派人去试探叫阵，对方毫不理会，坚守不出。摸摸鼻子，诸葛亮下令：继续抢粮食，注意对手的动静。

事情的发展再一次脱离了诸葛亮的预期。没多久，诸葛亮接报：魏军派人来骚扰抢粮的队伍。放下镰刀去打，对方却并不还手而是掉头就跑。再拿起镰刀割麦子，对方又来骚扰。这样的事情反复出现，搞得诸葛亮的人马心浮气躁，也无心抢粮了。

摸不清司马懿的路数，诸葛亮改变策略，下令拔营返回祁山。还没有走出多远，后方的将领来报，司马懿的队伍跟上来了。

诸葛亮下令就地反击，等了许久却没见到半个影子。派探子察看，原来诸葛亮停下来后，司马懿也跟着停了下来。

等到蜀军再一次启程，司马懿表示：“咱们也跟着走。”

于是，从上空俯瞰会发现这样一个诡异的画面。魏蜀两军的队伍相隔不远，遥相呼应，后者仿佛是前者的影子一般。

更绝的是，司马懿再一次命令牛金带领轻骑兵作为先锋，不断骚扰蜀军的尾军，而对方一旦停下反击又立刻撤退。

蜀军快被司马懿逼疯了，还有这么打仗的人？

逼不得已，诸葛亮改变计划，他一路急行军抢占了附近的卤城，搭建防御工事，从攻城变成守城，摆出架势等待司马懿的攻击。

事实让诸葛亮第三次意想不到。

司马懿逼迫成功，也随着来到卤城外，看看工事，留下一句“蜀军的工事修得不错”，然后转身带着自己人在附近的山头扎了营。

司马懿表示：你守，我也守。咱们慢慢耗。

从来都是自己肆意戏耍他人并从容取胜的诸葛亮这一次踢到一块铁板，除了在出山的时候占据着主动权，之后一泻千里。明明是攻击方，却硬生生被逼成防守方。本末倒置的结果是，诸葛亮的粮草即便加上在上邽抢夺的，也慢慢在司马懿的消耗战中变得不够吃了。

于是，我们在史书中看到了这样一幕——

亮复出祁山，以木牛运，粮尽退军。（《蜀书·诸葛亮传》）

看完上面的故事，我们不禁会编出这样的对话——

司马懿：“你想得到的，我偏不给。你只有按我的路数走。”

诸葛亮：“晕，没见过这么打仗的！”

作为他的“处子秀”，司马懿需要面对并解决的问题很多，除了外部还有内部的。在一致看衰的背景下，他不慌不忙地出手，一路谋算一路获胜，直至逼迫诸葛亮退兵。而他也凭借着这次表演，成功从“首席男配角”荣升为“一线男主角”。那么，司马懿究竟是如何赢了诸葛亮的呢？下面让我们从心理学角度具体分析一二。

从诸葛亮北伐开始，围攻祁山，抢占上邽，直至成功地明抢麦子为止，在这个阶段，战局的主动权是掌控在诸葛亮手中的。司马懿一路狂奔，却次次扑空，被诸葛亮牵制着疲于奔命，且都是无用功。

诸葛亮的目的是牵制对手，除了使出疲军之计外，还想要对手因为自己声东击西的战术，因为一路受制的局面而心理失控。

暴躁也好，气怒也好，疲累也好，当负面情绪占据上风的时候，很容易犯错。诸葛亮等着魏军犯错，他好以逸待劳。

可惜诸葛亮的如意算盘落空了。司马懿赢在心理战上。

只跟不打，踢一脚就跑，仿佛一个调皮的孩童在和大人要无赖。

司马懿的大军不远不近地跟着，时不时地骚扰一下，让诸葛亮越来越心烦，让蜀军越来越疲惫不堪。这种疲惫是心理上的，总要担心后面敌人会攻击的感觉如同芒刺在背，绝不是舒服的事情。原本想用心理战打败司马懿，没想到反受司马懿的心理控制，这是诸葛亮做梦都没有想到的。

诸葛亮的败笔在于他不了解司马懿。

如果这场仗不是司马懿指挥，恐怕诸葛亮的计谋就要得逞了。不能从结果就认定司马懿比诸葛亮还聪明。因为诸葛亮与其说是被司马懿打败，不如说他输在轻敌和不知彼上面。与明星一样的诸葛亮相比，司马懿的名气显然暗淡得多，简历也比较清汤寡水。

司马懿的招数能够制约住诸葛亮是因为他了解这个对手，能够根据他的行动预判他下一步要做什么，从而见招拆招，直至诸葛亮无招可出。局势瞬间颠倒，扔炸弹和拆炸弹的对象互换。

当诸葛亮开始不再主动出招而是根据司马懿的招数想办法化解的时候，主动权已经到了司马懿手上。

我们可以从司马懿的招数中领悟到以下经验：

第一，掣肘是为了抢夺主动权。

掣肘战术符合"阳谋"的特点，即明明是面对面出招，对手还是要上当。

司马懿的获胜不靠以多胜少，而是用智谋冷静的见招拆招，在抢夺主动权这件事上大展拳脚，以自己的节奏控制了全局。"多智近乎妖"的诸葛亮带着不甘和郁闷离开魏国，输在算是自己后辈的这个"初出茅庐"的人手中。

在实际生活中也存在很多受制于人的情况，如何反客为主，化被动为主动,不妨借鉴司马懿的方式,使出一招掣肘战术。不需要很大气力,不要靠拳头,而要靠智慧,以智斗取胜。

先声夺人也好,后发制人也好,掣肘战术的关键是在互相算计的时候,可以自己不上当的同时让对手上当。任何时候都是掌握主动权的人有话语权,谁说了算谁才能让对手按照自己的节奏进行下去。

第二,势均力敌时,乱拳打死老师傅。

当双方势均力敌的时候, 抢夺主动权并不是一件容易做到的事情。大家智商相似,能力相当,对方可以预测到你的招数,你一样可以预测到对方的招数。

当战局变得胶着而难寻出路的时候,不妨换位思考,抛开常规,以无招胜有招。有句话是“乱拳打死老师傅”,在“无招”中“乱拳”也是一种独门路数。

“乱拳”针对的是对方有准备的防守,尤其是对手已经摆好了架势等你送上门的时候。在很多人眼中,司马懿对诸葛亮使出的就是“乱拳”,完全不按常规,不按章法出招。

“乱拳”指的是看起来不遵守规则,看起来没有章法,看起来摸不清门道的招数。不守规则才可以不被框架束缚住,才可能有创造性的奇思妙招,从而取胜;没有章法不是瞎打一气,而是不走寻常路。

因为摸不清门道,因为你的不走寻常路,让对手无法从你的第一步判断出你的下一步,让你可以抢占先机。

当势均力敌的时候,或者陷入对峙的僵局的时候,想要获得胜利,不妨使出一些歪招、怪招。让对手在大呼意外的同时自乱阵脚,不得不跟着你的节奏走。

这时候想不赢都难!

借题发挥
——舍不得孩子套不到狼

魏太和五年(公元231年)。

诸葛亮第四次出祁山攻打魏国。司马懿作为魏军的主帅应战诸葛亮。

诸葛亮是“妖人”,他的战法神出鬼没,令人防不胜防。以至于还没有打起来,他的对手多半都要气馁三分。当然,这里面绝对不包括司马懿。

战局在司马懿同样诡异的见招拆招中，从开始的诸葛亮掌控全局,变成胜负暧昧不明,直至最后主动权到了司马懿手中。这一切的发生令人匪夷所思,司马懿竟然是用处处以守代攻的方式,在还没有正式与诸葛亮交手的前提下实现的。

军人是嗜血好斗的,面对诸葛亮退避卤城后,司马懿也在附近的山头扎营防守这样的胶着局面,大多数魏军将士忍耐不住了。军营中请战的声音与军营外蜀军叫阵的声音交织在一起。

在大多数魏军忍无可忍的时候，司马懿却不动声色。诸葛亮非常头疼。

除了诸葛亮，看透司马懿只守不攻是为了耗死对手的人不知道还有几个。至少不包括魏军中的贾栩和魏平。

二人从祁山赶来会合的时候，已经带着一肚子气，怨司马懿不及时救援。因此，当看到司马懿的战术的时候，主观认为他是惧怕诸葛亮。

你怕，我们不怕！

二人随着众人一起到司马懿面前请战，不出意外被驳回。他们忍不住爆发了，指着司马懿叫嚷道："将军你就这样怕诸葛亮吗？也不怕天下人耻笑？（公畏蜀如虎，奈天下笑何！）"

司马懿涵养功夫了得，不动声色将二人轰了出去。当然，这件事不会就此结束。

第二天，主战派依旧开始了新一轮请战。令人出乎意料的是，司马懿一改初衷点头答允了。他说："你们想打是吗？去打吧。"

在众人错愕的神色中，司马懿迅速做出安排，兵分两路，自己一路，张郃一路，左右出击。

仗打起来，众人才惊觉诸葛亮的厉害程度远远超出自己的想象。面对魏军的疯狂进攻，诸葛亮在有条不紊的指挥中大获全胜。

输了吧！还打吗？

司马懿见好就收，带领众人返回营地后，当即召开了总结大会。大家灰头土脸，一言不发，有面带愧色的，有胆战心惊的，有灰心丧气的，也有虽心有不甘却无言以对的。

司马懿最后表示：我要检讨，不该一时耳根软，听少数人的话，改

变战术。这次失败是个教训，我们今后还是按老样子来吧！散会！

这之后，没有人再敢当众对司马懿唱反调了。

如何立威？

为了立威，你要敢于付出代价。

史书记载："蜀军斩杀魏军三千多人，缴获了五千多件铠甲、三千多张角弩。"至此，魏军的这一次正面出击以惨败画上句号。

从这个角度看，司马懿的决策是有很大失误的，因为他的决定而使得三千多人送了命。若按照他的既定战术，本来是不需要有这些牺牲的。

但是，反过来看，司马懿因为这次失利，成功堵住了那些唱反调的人的嘴巴，让自己在军中的威信与日俱增。

俗话说："舍不得孩子套不到狼。"司马懿很舍得，于是，他成功了。

这是一场"借题发挥"的三方博弈。

从一交手开始，似乎诸葛亮就占据着上风。司马懿作为指挥经验不足的主帅，并不被大家看好，甚至他的下属也或明或暗地拖后腿、唱反调。

请战这件事未必不是军中那些反对势力暗中挑唆的，从这一点看，对方也在利用司马懿不应战这件事"借题发挥"打击司马懿的威信，将他塑造成一个胆小鬼的形象。

一开始司马懿用充耳不闻的方式冷处理，后来他越来越觉得这件事没有那么简单。请战的声音一天高过一天，人数一天多过一天，背地里自己成为被讥讽的"缩头乌龟"。

当请战成为主旋律的时候，如果处理不好很可能引发哗变。他自然不会让自己陷于困境,而在自己的威信还不足以强力镇压这支队伍的时候,司马懿明智地选择了表面妥协。

当然,这个妥协的背后是司马懿见招拆招的“借题再发挥”。他在排兵布阵的时候,显然没有放过任何一个捣乱分子。

想闹事是吧?你们不是想打吗?我让你打!我不出手,一样有人替我教训你们。小子们,接招吧!

果然,在魏军一败涂地之后,那些曾经极力主战的人集体哑火。司马懿也用事实证明自己只守不攻的策略才是最正确的,并且一举在军中树立威信,真正令手下大部分人因为信服而臣服。

而依旧不安分的人,比如张郃,则被司马懿在之后用借刀杀人的方式彻底清除掉。

司马懿的“借题发挥”其实还能一箭双雕。

曹叡选择司马懿虽然有除了他没人更合适的因素,但也因为他非常清楚并肯定司马懿的领军能力。这一点,从司马懿对阵诸葛亮后慢慢显露出来。

打仗谁不想赢?司马懿摆出防守的阵势也并非心甘情愿,而是识时务的决断。他相信自己的实力,但对手太强大,他并没有取胜的把握。作为第一次大规模对敌作战,他知道自己即便赢不了,也不能输。否则,此后他可能再没有掌军权的机会了。

出于不能输的目的,司马懿的每一步都很谨慎小心。他抱着耗死对手的想法,是因为这里是魏国,是他的地盘,而诸葛亮远征中最大的隐患就是粮草供给。

但是,诸葛亮既然敢来挑衅,必定已经做好了很多准备。于是,司马懿在防守中发现对方怎么还能坚持这么久的时候,他有些摸不清诸葛亮的底细,进而开始怀疑自己的策略是否正确。

调整战略需要了解对手的近况，然后做出有针对性的改变。想要了解对手，适时地打一仗未尝不是一个好法子。

于是，在司马懿“借题发挥”利用诸葛亮的手教训手下闹事的兵油子的同时，他也不动声色地借机试探了一下诸葛亮的底细。究竟诸葛亮是在装样子，还是另有后路而有恃无恐呢？很快，通过这场仗司马懿找到了答案。

不过，需要注意的是，“借题发挥”可能会导致两败俱伤，不到万不得已不要使用。

国外的一项调查显示，管理者更容易在工作中与人发生摩擦。这种摩擦多半与上下级间的争权夺利与内部管理脱不开关系。

某内衣加工厂的主管因为作风强硬，经常因为一些小事情与下属产生纠纷。双方的矛盾越积越多，直至双方已经到了水火不容的局面。某天，有一批内衣订单需要赶工。一名尹姓女下属面对主管喋喋不休的要求，终于忍无可忍地发作了。她以对方说方言自己听不懂为借口拒绝工作，主管不甘示弱地发难。一石激起千层浪，其他的下属和职工也纷纷加入“战局”，最终竟演变成数千人集体罢工的事件。

这件事不但惊动了媒体，也因为延误了交货时间而给工厂造成经济损失。虽然迫于舆论压力，企业最后以发放补偿金的方式与职工达成和解，但最先挑起“战火”的那名尹姓下属被迫主动离职。

显然，这是一个典型的两败俱伤的例子。

借题，意味着真实目的上不得台面，所以要找一个可以正大光明利用的借口，甚至可以将本可以“大事化小，小事化了”的事情，经过上纲上线和夸张渲染，变成影响或阻碍全局的大问题。

发挥，说明该行为具有针对性和攻击性，也代表了没有公允性和原则性。出手就是冲着某个人、某件事去的，不咬出血来绝不会松口。

在实际生活中，我们不可避免会因为某些事与人发生口角。处理得当，纠纷可以云淡风轻地消失于无形，处理不得当，很可能成为一个解不开的死结，直至发生鱼死网破的事情。

不得不防的同时，做事也应该三思而后行。保持公允，不意气用事。

很多事不必自己出手

魏太和五年(公元231年)。

诸葛亮第四次出祁山来攻打魏国。

司马懿顺理成章地成为统帅,带领着一伙儿人奔赴战场。

司马懿领兵出发,这一次他是统帅,手下的副将依次是车骑将军张郃、后将军费曜、征蜀护军戴凌、雍州刺史郭淮等人。这里面基本上没有曾经和他共过事的人,或者说关系还不错的人,这些人在军中的资历一个比一个老,一个比一个牛。

当老大的气势弱于下属的时候,就是矛盾最容易爆发的时候。这不是一个预言,而是一颗定时炸弹,因为它就是这么没天理的准确。

在大军行进到雍、郿二城的时候,魏军内部针对司马懿的第一次发难开始了。

车骑将军张郃打头阵,站出来指出司马懿的纰漏,提出自己不同的建议。大家的目光注视在两个人身上，静悄悄地等着司马懿的回答。

按过往的成绩看，一个是有着辉煌战绩的将军，一个是带兵打仗经验不足的统帅。显然，司马懿是劣势的。当然，面对张郃的强势出头，司马懿也并没有退让。只是，他此时的回绝还带着一丝商量的味道。

司马懿表示：分兵会减弱战斗力，咱们还是先顾一头打吧。

尽管如此，梁子已结上。矛盾一旦出现，和谐的关系从此将一去不复返。

司马懿锁定了张郃这个眼中钉，然后暗中等待着出手彻底铲除隐患的时机。

后来，诸葛亮被司马懿诡异的战法搅得心烦气躁，由攻转守落于下风。然后接到后方李严的来信，告诉他刘禅发话，粮食不够了，撤军！

诸葛亮无可奈何又心气不顺地退兵了。

故事没完，好戏才上场。

诸葛亮一定很郁闷吧！司马懿听到这个消息后心中暗爽。忽然，眉头一皱计上心来。他传令升帐，当众说："诸葛亮这样走了太便宜他了。张郃将军，你追上去给他点儿教训，叫他不要没事儿总带兵过来。我们也不是吃素的。"

穷寇莫追，更何况对手是牛人诸葛亮。

张郃笑不出来了。他站出来试图做最后的挣扎，可惜他刚刚说出"围师必阙，归师勿遏"八个字，后面的话就被司马懿堵了回去："不要说了！我是老大，我说了算。"

军令如山。张郃黯然离开，默然上路。

汇总史书记载，故事的结尾是这样的——

张郃领兵追击蜀军，在木门道这个地方遭遇诸葛亮的伏兵，他被蜀军射中右膝，并因伤重而亡。

一个大活人，就这样骑着马从洛阳出发，躺在棺材中被抬回。大约家属再得到一些赏赐。

至此，司马懿声威日盛，军中再无人敢公开与他叫板了。

为什么司马懿用“借力”的方式消除内患？

有时候，阻挠我们成功的隐患不在外面，而存在于内部。这种隐患令人头疼，且因为不容易发现，或是因为内部各种关系的盘根错节，而更加难以根除。

“强龙难压地头蛇”，司马懿在军中资格最弱，那些老兵油子因为不服气而故意找茬的情况并不是短时间内可以改变的。所以，司马懿为改变这一局面，而采用了“借力”策略。

司马懿深知，自己出手弊大于利。一方面自己没有站稳脚跟，还没有摸清楚与自己持对立心态的人有多少，中立态度的人有多少，愿意投靠他的人有多少。

暧昧不明中，每一种心态的人都在小心地试探和观望，都带有警惕性。司马懿不是不能出手，而是如果贸然出手，很可能会打草惊蛇。一方面，可能会打击错了人，造成的结果是把潜在的盟友推到敌对阵营中。另一方面，也会使得敌对阵营更加戒备自己，双方的矛盾更加激化。

显然，司马懿选择借力的方法，既稳妥地让自己毫发无损，又行之有效地解决了内患。

司马懿的“借力”策略使得光明正大，在使用中，他牢记以下原则：

“穷寇莫追”不是绝对的真理。即便确实不应该追击诸葛亮，顶多能从兵法战略上追究司马懿的失策。而在大局的胜利的对比下，这一点瑕疵就显得无足轻重了。果然，曹叡也并没有因此而怪罪司马懿。就这样,算计你如小菜一碟。

司马懿最大的王牌是他主帅的地位。国有国法,家有家规。军中自然是军令如山。作为副将的张郃就算与司马懿持有不同的看法,但是他只有服从一条路可以选择。如果他不服从,司马懿一样可以用违反军纪的借口惩处他。总之,张郃就是那手心的蚂蚁,在劫难逃。

左右都是可以利用且光明正大的借口,这一局,司马懿稳赢不输。

"借力"的帮手要找准。"不战而屈人之兵"是一种兵法战略,也是司马懿历来追求的取胜方式之一。为了达到这个目的,他对于时机的把握非常老到而稳准。诸葛亮输在他的手上正心气不顺,给点儿刺激就能发作。司马懿不只能够统领战局走向,还非常善于判断人心,并趁机加以利用。

事实上,司马懿曾经在对付吴军的时候主动追击过逃跑的对手,并取得了胜利。这一次,他敢于派张郃追击,并不怕他会乘胜追击成功而立军功,多半因为他已经算准了张郃有去无回。因为对手是诸葛亮,从过往的战绩看,几乎没有人可以在诸葛亮手中讨得便宜,张郃也没有这个实力。

时机 + 帮手 + 不能违抗的命令,三拍子合在一起,逼死了张郃。

从本篇故事中,我们可以获得如下启示:

眼中钉是个特殊的存在。眼中钉也好,肉中刺也好,存在必然是令人不舒服的,欲除之而后快。但是如果可以轻易除掉的话,也就称不上是眼中钉、肉中刺了。

一山不容二虎,话语权必须掌握在一个人手中。千里之堤毁于蚁穴,眼中钉必须及时铲除。强龙难压地头蛇的原因就在于对手的势力盘根错节已久,所以很难对付。

想要站住脚跟，就必须辣手无情地彻底铲除对手。争斗必须分出输赢，这关系生存和命运！为了获得成功，借力是最快捷省力的方式。“借力”的意思就是说，很多事情不必自己出手，借用他人的力量为自己获利。在实际使用的时候，有两个注意事项：

第一，抓住时机，果断出手。

“借力”并不是随时都可以借到，也不是借到的都是那把称手的刀。正因为“机不可失，失不再来”，所以想要使用好这个计策，时机的把握非常重要。

第二，借力要秘密行事。

这件事需要暗中进行，心思绝对不能让他人获悉，不论是你准备借的第三方，还是想要除掉的内患。在事成之前，都需要做好充分的保密工作。

借力不是那么容易的事情。你不愿意动手不代表他人就愿意动手，就算愿意动手也不代表愿意为你动手，就算愿意为你动手也未必能够获得百分之百的成功。一旦打草惊蛇，这个钉子会钻得更深，伤你更重。

利用舆论打造英明形象

魏太和五年(公元231年)。

司马懿用自己的实际行动,证明了自己的实力。

当然,其中存在很多不利于诸葛亮的因素,导致他最终不得不做出撤退的决定。也就是说,司马懿的赢还有侥幸和运气的成分。

司马懿没有否认这一点,与此同时,他从第一次与诸葛亮交手的过程中收获很多。其中一个收获就是大批的粉丝。

而得到粉丝的方式,司马懿靠的一招是作秀,手段是让自己成为他人眼中的"半仙儿"。

诸葛亮因为粮草不济的问题撤军了,司马懿站在边区关口的城门上,遥遥远望蜀军渐渐消失的影子,心潮起伏。

他身边的军师杜袭和督军薛悌忧虑地指出,虽然眼下诸葛亮撤走了,但是来年麦熟的时候,他再一次来犯,就像这一次到上邽去抢粮一样，怎么办？我们是不是应该提早做准备？要不，把陇右的庄稼都毁了？

面对这样杀鸡取卵的建议，司马懿嗤之以鼻。想了想，他故作玄虚地对大家说：“我昨天算了一卦，卦象显示，诸葛亮这一次撤退之后，至少三年后才会卷土重来。”关于这件事大家持中立态度的居多，多数持怀疑态度，相信司马懿判断的人屈指可数。

然而，事实证明，诸葛亮果然在撤退之后的第三年，也就是青龙二年（公元 234 年），再一次带兵出山。

大家在接到信息的时候，想到三年前司马懿的话，露出钦佩的目光，原来将军真的是“半仙儿”啊！

司马懿的预测准确地实现了。他趁热打铁，在第二次对阵诸葛亮的时候，再一次秀了一出“半仙儿”的戏码。

这一次，他对大家表示：“如果诸葛亮出武功依山而东的话，他有很大的胜算，对我们不利。如果他选择西上五丈原，那么我们可以高枕无忧了，他必败无疑。”

这时候，大家已经非常信服司马懿的话了，更何况司马懿在说的时候显得非常自信，不由得人不相信。

事实再一次证明司马懿又说对了。诸葛亮果然领军抢占五丈原，而因为司马懿有了预先的准备，诸葛亮无功而返，一开局就失了先机。

至此，司马懿在军中“半仙儿”名声算是彻底坐实，且在被众人一层层的传播中不断被夸大，直至出现“司马将军的话是绝对真理”的一致看法。

司马懿十分擅长利用舆论打造自己的英明形象。

据考证，司马懿的“半仙儿”形象就是他自己打造出来的。当然，既然说作秀，说明这件事本身就是假的。

在第一次预测诸葛亮时隔三年才会再出山的时候，司马懿不是空口而言，而是基于有事实有根据的分析判断后得出的结论。

司马懿知道，诸葛亮因为之前攻打陈仓受挫，在下一次再出山的时候，势必不会再选择攻城的方式，转而采用野战的方式。从地形考虑，他不会再选择陇右，而必然将出兵陇东。与此同时，连番征战让蜀国的存粮消耗大半，而没有几年的时间是不能积攒出足够粮食的。

多种因素结合在一起，才让他得出“三年论断”，也是他的预言准确应验的主要原因。

而第二次他关于“五丈原”的预测，事实上不过是他换位思考，站在诸葛亮的角度考虑后得出了判断而已。因为在诸葛亮看来，没有比抢占五丈原更好的战略了，于是他再一次“算准了”。

那么，司马懿为什么作秀？

司马懿这一次的作秀面对的是广大的军中将士。这是一些什么样的人呢？

历经无数大小战役、五大三粗、没怎么受过教育、勇多谋少的匹夫。

军人不同于文人，出生入死靠的是勇气。作为白丁，在他们的思想世界中，玄学很有地位，很可信。而在他们的眼中，“半仙儿”是很牛的人。

用这样的身份可以更加服众，反过来，如果掰开揉碎大讲道理，属于对牛弹琴，对方既听不进去，也听不明白，倒不如装神弄鬼有效果。

从司马懿作为“空降兵”突然出现在军中那一刻，其实，除了曾经和他一同征战过的人，见识过他的与众不同手段的人，其他绝大多数的人都是带着质疑的目光看着他。

甚至，司马懿在与诸葛亮交手之后，也没有改变这样的局面。他的

防守战术常常被他人解读为胆小惧怕诸葛亮，使得他在私下里饱受耻笑。

司马懿不是不知道他在军中的威信不高，他的名声也不是很让人信服。无论是于公于私，在短时间内收服大多数人心都是司马懿必须要完成的功课。

虽然，收服人心这件事无法用夸夸其谈的方式达成，而必须用事实证明。

司马懿这只老狐狸，当然很相信自己的实力。但是他也知道过刚易折，有些事想要达成，不只有一条路可以选择，还有一些捷径可以走的，比如用作秀的方式。

对司马懿质疑的声音是从什么时候开始变弱，直至消失的呢？

大约是从让自己在他人眼中成为一个神奇的“预言家”开始吧？

在若干年后，当司马懿再次带兵出发的时候，作为他的对手，早已收起了轻视之心，甚至于做出闻风而逃的行径。那时候，司马懿早就不需要再用作秀的方式为自己打造威名了，因为彼时他已经成为众人眼中名副其实的“战神”。

司马懿通过这种作秀方式为自己吸引了大批的粉丝，粉丝的崇拜把司马懿的威望推到一个军界神人的地位。在这里，让我们一起来全面解读崇拜心理：

崇拜可以是个人行为，也可以演变为一种社会大众行为，比如追星的粉丝文化。崇拜可以让人变得执着而狂热，对于他所崇拜的对象的一言一行一举一动，都可以视若神明，不断用自己的行为去模仿，去遵循。

很多人将崇拜作为一种心灵精神支撑，让心有所依托，有所追求。崇拜源于人的自我意识，是人的思维力和想象力不断发展的产物，可以用以弥补和解脱现实生活中遇到的困境。

想要被崇拜，你就要让自己拥有与众不同的特质，要让对方由衷地钦佩你的行为，渴望通过依从的方式获得认可，或通过效仿的方式实现自己的成功梦想。

崇拜有很多种，比如自我崇拜、自然崇拜、神灵崇拜、英雄崇拜等。因为对崇拜对象心存敬畏或感到神秘，而表现出狂热的追捧，以对方为榜样。

崇拜可以产生好的效果，可以产生权威感，使得大众对被崇拜者产生高度的无条件的信任。从这个角度说，他可以对上至人生观、价值观，下至某些具体的行为都可以产生导向作用。当然，使用不得当，或别有用心，也可以产生出不好的风气，乃至产生有违道德标准的某些负面情绪。

作为一把双刃剑，崇拜有很大的服众效果，但也需要审慎使用。

第五章 交锋 换位思考是这样炼成的

当得知诸葛亮带着浩浩荡荡的蜀军再次进犯的时候，曹叡二话没说，吩咐道："司马懿，你接着去跟他耗吧。"

面对睽违三年的对手，司马懿依旧摆出防守的架势，也依旧祭出"耗"字诀。

这是一场不动声色的高智商牛人之间的交锋！

沉住气才能成大器

魏青龙二年(公元234年)。

诸葛亮第五次出祁山北伐,带着十万蜀军兵出斜谷,屯兵五丈原。

当得知诸葛亮带着浩浩荡荡的蜀军前来进犯的时候,曹叡二话没说,吩咐道:"司马懿,你接着去跟他耗吧。"

这一次诸葛亮是带着孤注一掷的决心出发的。就如同他名垂千古的《出师表》一样,他确实做到了"鞠躬尽瘁,死而后已"。因为他死在了这一次的征途中。

面对睽违三年的对手,两个人的交手还是平淡如水,乏味无聊。因为司马懿依旧摆出防守的架势,也依旧祭出"耗"字诀。

诸葛亮耗不起,只要他内部一乱,自己可以不战而胜,这就是司马懿的算盘,也是很多人依旧看不明白的地方。

看不明白,就会私下议论,议论中,司马懿又一次被诋毁成"胆小鬼”或“缩头乌龟”。当然，经过三年前的教训，基本上没有人再敢张狂地出面唱反调。但是，这并不包括对手诸葛亮。

数日叫骂没有结果，诸葛亮除了心焦还是心焦。最后，他干脆用了无赖的方式，派人送给司马懿一个礼盒。

在众人好奇的围观中，礼盒被打开。里面居然是一套妇人的衣裙和头饰。

啥意思？大家面面相觑，脑子很快猜到了谜底。啊，这是在讥讽司马懿不是男人，没有血性啊。

司马懿不当回事不代表其他人能够咽下这口气，虽然是侮辱司马懿，但是上纲上线地说，诸葛亮是在侮辱魏军。是可忍孰不可忍，请战的声音更高了。

在众人打抱不平的声浪中，司马懿腾身而起，但是他并没有如众人所愿怒发冲冠，却见他白纸一铺，大笔饱蘸墨汁，顷刻间一道奏折拟写完毕。

你要问他的奏折写了啥？很简单，司马懿表示：“诸葛亮，你侮辱我就是侮辱我的老板，所以我要告诉我老板去！”

嗬！众人的下巴跌了一地。

当这封奏折以“比较快”的速度抵达千里之外的曹叡手中的时候，曹叡一笑，给出了他的回答。他说：“司马懿，你再委屈也不准出兵。”

大约觉得这样还不保险，曹叡又说：“不行，那个谁，去把辛毗叫来，我要安排他做点儿事情。”

于是，隔了几天，当蜀军照旧到魏军辕门外叫阵的时候，突然发现一个白胡子老头儿，手中杵着一个长杆儿，怒目而视。

与此同时，魏军军营中也有很多人到辕门口看戏。很快消息传遍整个军营：门口那个老头叫辛毗，是个迂腐的臭脾气的老夫子。你别小瞧他啊,看到他手中的杆儿了吗?那是皇上给的,只要有人闹着要出去打仗,有一个打一个,就算是咱们的司马大将军也照打不误。要不,咱们司马大将军让诸葛亮这么侮辱, 闹了好几天现在怎么变得没动静了呢?

一旁听墙角的司马懿摇摇手中的扇子表示:“唔, 这老头儿不错!嗯,曹叡这小子挺有悟性! 呵呵,诸葛亮,现在你还有什么招呢? ”

诸葛亮没招了。

姜维火急火燎跑来对他说:“辛毗这一闹, 司马懿肯定更不出兵了。”

诸葛亮白了他一眼,咬着牙回答道:“他本来就没打算出兵! 他那叫请旨?狗屁!谁不知道‘将在外,君命有所不受’啊?他又不是无能的软蛋,当什么牵线木偶?老子戏弄他一把,他立马拉上他们家主子合伙摆老子一道! 啊! 郁闷死我了! ”

好戏终于开场了!

毫无疑问,在三国后期的故事里,司马懿和诸葛亮的博弈是最精彩的。

这一次,诸葛亮的出征并不算是好时机,但是他已经等不了再长的时间了。他可以狂傲地打赢任何一个人,但是终究无法战胜时间的脚步。他的身体健康已经亮红灯,再不出手恐怕就没有机会了。

司马懿选择“耗”字诀,是因为他推测诸葛亮耗不起。他要打乱诸葛亮的节奏,要让诸葛亮着急上火,从而做出不理智的选择。

打仗也好,打架也好,输的一方基本上是那个乱了心神并失去理智的人。这就是司马懿“耗”的初衷。

看到诸葛亮的礼物,司马懿为什么不生气? 不是司马懿太迟钝而

是他太识时务。绝对不会为这种毫无意义的不会让自己“缺一块肉掉一块皮”的侮辱刺激到。

当然，他不能什么也不做，否则就会在众人面前没面子。于是，司马懿回了诸葛亮一招。只是，这一招使得有些慢，因为他要用到一个搭档，唱一出双簧。

司马懿是聪明人，同样的，曹叡的家族遗传基因决定了他也是一个聪明人。当然，此刻在蜀军阵营中日渐焦虑的诸葛亮也是个绝对的聪明人。“三个臭皮匠赛过诸葛亮”是后来流传出的谚语，彼时，当司马懿、诸葛亮和曹叡这三个聪明人碰到一起之后，显然 1+1 的力量要远远大于单独的那个 1。

由此可见，沉住气才能成大事，心态好才是成功的最大条件。

在现实生活中，司马懿这种战术经常用在谈判场合。下面让我们看一则案例：

王老板全家准备移民，他要将经营多年的咖啡厅转让出去。一位刘姓买主找到他表示很感兴趣。咖啡厅的成本价盘算下来是 110 万元，于是王老板打算开出 180 万元的售价，底线则是成本价。

刘姓买主在察看店址和店内环境的时候百般挑剔，比如地理位置一般、设备有些陈旧、需要重新装修更换家具等。面对对方的滔滔不绝，王老板几次想开口，但都忍了下来，一言不发地听着。

意外的是，最后这位买主表示自己最多出价 150 万元，如果接受可以全款支付。

王老板假意为难，表示要和家人商量一下。最后二人成交。

虽然不是预期的 180 万元，但是，王老板还是以超出成本价 40万元的价格顺利将咖啡厅转让出去。如果在对方挑剔的时候，王老板忍不住开口反驳，或许这桩买卖就黄了。

谈判中最忌讳的事情是沉不住气，并因此而泄露心态，让对手摸清自己的底牌，从而借机抬价或要挟。反过来说，我们在谈判中想要要挟对手，也可以使出激怒对手的招数。因为，人在情绪激动的时候，不能理智分析判断，从而得出错误的结论，让自己利益受损。

智者会平静而理智地面对对手的挑衅，不生气，不入彀，不上当，让对手的招数如同石沉大海，影踪皆无。对手从得意地出手，到看到你的镇定反而变得恐慌起来。

具体来说，沉住气有两种做法：

第一，保持沉默。

两个商家要进行谈判，开始前，商家甲明显占有优势。

经协商，商家甲和乙各派出一位代表，还请来商界的元老作为仲裁者。谈判中，面对商家甲的不断挑衅和抬价，商家乙的代表始终表现得无动于衷。最后，绷不住的商家甲做出让步，双方达成协议。

签订协议后，有好事者想要询问商家乙的代表用的是什么手段，对方依旧不发一言。谜底揭晓，原来这个代表有先天缺陷，是个言语障碍者，不会说话。

你的沉默会使得对手因为看不透你的底细而开始沉不住气，开始慌张，在慌张中做出你已经大局在握的判断，从而彻底失去自信。

沉默源于事前准备充分，唯有这样才可让自己以胸有成竹的姿态，以不变应万变。

沉默不是不说话，而是不纠缠细枝末节，不因对手的挑衅而冲动地胡乱说话，从而送给对手攻击的把柄。

第二，拖延时间。

圣人是极少数，所以面对挑衅，大多数人都是难以忍受，会被激怒。如果不想陷入对手的陷阱，被对手的挑衅激怒，请在对手挑衅的时

候，克制自己的情绪，暂时搁置争议，用拖延时间的方式让自己在缓冲中调节情绪，恢复平静。

一方面，拖延时间可以借机转移自己的注意力，以调控情绪，将负面情绪化解掉。另一方面，避免因为一时的情绪激动而让自己陷于被动局面，或做出什么错误的事情。

只有了解对手，才能战胜对手

魏青龙二年(公元234年)。

沉寂三年的诸葛亮，孤注一掷地带着十万蜀军，兵出斜谷，奔赴魏国。

早就等候多时的司马懿，带着魏明帝曹叡增派的两万兵马，合计十二万兵马，在渭水河畔摆开架势，准备应战诸葛亮。

在布置防线的时候，司马懿率领的魏军内部产生了争论，很多人认为应该将营地选在渭水北岸，借着渭水这一道天然的屏障，多一重保护，防守起来也更加容易。

司马懿很不赞同这个观点，还没有打，怎么就先想后路呢？还没有打，怎么能将南岸的百姓和粮食就先白白地拱手让人呢？于是，他力排众议，下令渡河，将营地选在了渭水南岸，并安排人手挖壕沟，搭建防护墙。他对众人表示，皇帝将这个重任交到我们手中，如今我们唯有

与敌人死战，才不辜负国家对我们的期许，才对得起我们身后的父老百姓。

虽然摆出了背水一战的架势，司马懿在对阵诸葛亮的时候也未必有必胜的把握。如同上一次交手一样，他在未打的时候开始思考诸葛亮会如何出招。

按照地形来看，司马懿知道诸葛亮有两个选择，第一个选择是出武功，依山而东，奔赴长安；另一个选择是向西上五丈原，先守再攻。前者冒进，成功率不高，后者比较稳妥。

司马懿将宝押在了五丈原上。他派遣下属郭淮带兵抢先占驻五丈原。

果不其然，信兵来报，诸葛亮的人马前往五丈原了。

下一步，他会怎么走呢？

司马懿将自己变成诸葛亮，开始考虑这个问题。

要说，此时的司马懿强于诸葛亮的地方，不是他的智谋，而是他的团队。在他的身侧有几个高水准的下属，比如郭淮。相比之下，诸葛亮有些孤军奋战的架势。

郭淮在司马懿的喃喃自语中也在盯着地图思索诸葛亮的战术，他的目光在五丈原那里逡巡着，忽然定格在一个地名上。

“将军，我认为诸葛亮如果选择五丈原，必定还会分兵抢占北原。”说着，他伸手在地图上比画起来，“如果他占据了这两个地方，那么就可以在西北方对我军形成合围态势，一旦开打，两厢夹击下，对我们不利。”

司马懿恍然大悟，赞赏地拍拍郭淮的肩，说道：“事不宜迟，你带人马抢先占领北原，绝不能让诸葛亮得逞。”

没想到第一招棋就被对手识破。当诸葛亮指派占领北原的人马铩羽而归的时候，他兴奋地搓搓手，棋逢对手对于诸葛亮来说是一件让他热血沸腾的事情。

不过是刚刚开局，我们骑驴看唱本——走着瞧吧！扬起斗志的诸葛亮不受失利的影响，他的脑海中很快又盘算出一招新棋。

司马懿，我看你要怎么接招？

很快，司马懿接到战报，蜀军主力出现，正赶往我们西面的西围。

西围？那里不是有我们的重兵把守吗？他怎么会选择那里呢？

司马懿沉吟着，踟蹰着要不要派兵增援。一旦调动兵马，现有的合围局势就会出现容易被攻击的薄弱点。

“将军，我认为这是诸葛亮的疑兵之计。”

又是郭淮站了出来，开口说道：“如果我是诸葛亮，我会选择兵力薄弱的阳燧作为攻击点，这样也可以如同北原一样，在东边对我军形成合围之势。”

有道理！

司马懿再一次指派郭淮和胡遵二人带军队赶往阳燧，抵御诸葛亮的蜀军。

这一次，又让司马懿一方猜对了。

诸葛亮玩了一招“明修栈道，暗度陈仓”。当他派出一支队伍佯攻西围的时候，另一支秘密分队则静悄悄赶往阳燧。为了保险起见，诸葛亮选择夜袭的方式进攻阳燧，以期一击即中。

只不过，这一次偷袭还没有打响，蜀军就被早已经埋伏好的郭淮兵马堵了个正着，反倒被对手偷袭。

不得已，诸葛亮下令后撤。

郭淮也不追击，任由诸葛亮带队离去。

诸葛亮有些笑不出来了，接连两招都被对手识破。这绝对不是一

件令人愉快的事情。他暂时退守五丈原,以静制动,伺机反扑。

有时候,输赢只在一瞬间;

有时候,一个小环节可以影响全局;

有时候,第一步走错,步步会跟着错下去。

在这里,司马懿运用的是阳谋,其特点之一就是随机而动,因利乘便,如同武侠小说中的"以无招胜有招"一样,看似没有固定的章法模式,实际上内核是固定的,变化的是外在的形式,是见招拆招、不拘泥于固定的套路。

司马懿和诸葛亮都是军事天才,善于就势变阵,善于借势获利。因为相似,所以很容易看穿对方的招数,然后见招拆招,或先发制人。

这一次,司马懿的胜算高于诸葛亮,因为对手对他的了解远不及自己对对手的了解那样深。在第一次交手的时候,诸葛亮就吃足了摸不清司马懿路数的亏,以至于最后含恨撤退。三年后的再一次交手,他看似做足了准备,然而,在甫一交手的时候,依然是司马懿占据了主动权,更有甚者,司马懿比上一次交手更加强势而笃定。

江山代有才人出,对于后起之秀的司马懿,诸葛亮恐怕不服也不行了。

《孙子兵法》云:"知己知彼,百战百胜。"想要在争斗中获胜,没有准备而忙乱出招绝对不是明智的行为。面对与诸葛亮的交手,司马懿做足了准备。

在第一次交手结束的时候,司马懿曾经做出一个三年的预言。他认为诸葛亮下一次再出来必定是三年之后的事情。事实证明,他预测对了。

当然,他的预测不只是为了显示自己的水平有多么的高。因为按照近几年的战况局势分析,司马懿知道诸葛亮如果要筹备齐整至少需要三年的时间。这是对手的情况,与此同时,魏军也面临着一样的问题。所以司马懿在预测之后,也没有松懈下来,而是屯粮、打造兵器、操练军队,一样也没有闲着。

有备才能无患,当第二次双方再度交手的时候,司马懿已经摆脱了初次交手的怯场与青涩,一招一式运用得更加合理更加娴熟。相比第一次交手的开端部分,处处受诸葛亮妙计的掣肘,显得十分被动,这一次的交手,因为准备充足,对敌人的充分了解,他可以在一开始的时候,反戈一击,令诸葛亮陷入被动局面。

唯有了解对手,才能抢占先机,然后才可以加大胜算。

做人要有底线,否则连底裤都会输掉

魏青龙二年(公元234年)。

这一次出征,对于诸葛亮来说是不得已而为之,因为他的身体开始走下坡路了,他能够战胜许多对手,但无法战胜病魔。

关于诸葛亮的身体状况,司马懿如果开始不知道,以后也会千方百计地打探到。

两军对垒,摆开阵势。司马懿又是使出屡试不爽的“耗”字诀,逼得诸葛亮最后企图用送妇人衣裙的方式挖苦侮辱司马懿,逼其应战。当一切无效之后,诸葛亮在无计可施的同时也心力交瘁到了极限,终于病逝在军营中。

好在他是安排好后事才咽气的。蜀国长史杨仪按照他死前的部署有条不紊地撤军返蜀。

消息很快传到司马懿耳朵里。但是他却没有下令追击。

诸葛亮是一个军事“妖人”。如果是疑兵之策呢？如果他没有死呢？

直到一天后，司马懿带着人马到蜀军营地巡查，一路走下来，发现对方留下很多包括图书、粮食等杂物。司马懿这时候才做出“诸葛亮确实是死了”的结论，还惺惺相惜地赞叹了一句：“他真的是天下少有的奇才呀！”

谨慎不是坏事，不过，司马懿的谨慎让他被人嘲讽。市井很快流传出一个暗讽司马懿的顺口溜：“死诸葛吓走生仲达。”

对于诸葛亮的赠送妇人衣裙这样的侮辱，司马懿都可以置若罔闻，这个顺口溜又能有多大的效果呢？不过他还是自嘲地解释说：“吾便料生，不便料死故也。”意思是说，我本来擅长的是预测活人的心思。诸葛亮已经被我耗死了，一个死人会做出什么样的事情，就不是我这个大活人可以知道的了。人无完人嘛，也不能太贪心了！反正我赢了！

经此一役，加上间接杀了诸葛亮，青龙三年，曹叡任司马懿为太尉，累增封邑。司马懿在魏国军界的地位彻底不可动摇了。

我不和死人斗，司马懿实在明智。

他深知，走得太急，容易摔跤。前面等待你的不一定是康庄大道，而有可能是荆棘地。

过犹不及，军功可立，但不能太大。“吾便料生，不便料死故也”这句话是司马懿笑着说出来的。成王败寇，此时此刻他确实有笑的资本。

重点不是他如何打赢诸葛亮，而是司马懿见好就收不追击的背后有什么含义。

想当年，他初次随同曹操攻打张鲁的时候，曾经被提醒不要得陇望蜀。不管曹操说出这句话的用意是什么，司马懿却将之作为自己行

事的一条准则。也正是因为谨慎，让他一次次地化险为夷。

打赢了诸葛亮还会有风险吗？

有的，这个风险不在外而在内。一句话说，司马懿及时收手是防止自己因为过高的军功而让曹叡产生功高震主的疑心。

这是一个非常可怕的事情。

一个“狼顾相”，司马懿因曹操的疑心大吃苦头，若不是曹丕维护和他卖力工作，扳回局面，能不能安全走到今天还是个未知数。基于品尝过这种切身之痛的司马懿，自然更加理智地面对自己的功绩。

想上位就不能不积累功绩，但也不能一次积累太高的功绩，让自己遭人妒忌和警惕。

史书中记载“帝欲乘隙而进，有诏不许”。啥意思？

从字面上看，司马懿打算趁机追击蜀军，但是曹叡下旨不允许他妄动。

从本质上看，不是曹叡想见好就收，毕竟之前他还同意曹真伐蜀。之所以不许追击，是因为他不愿意让司马懿立下太大的功劳。

自古“功高震主”都是离间君臣关系的最强杀手。司马懿这一次的胜利虽然大大提高了魏军的士气，但同时也大大提高了他自身的名气和威信。既然司马懿当年可以下手除掉张郃，那么，曹叡也不会想要一个如同昔日张郃一样的司马懿在自己手下作威作福。

司马懿与张郃的不同之处在于，一个有自知之明，一个缺乏自知之明。于是，前者做做样子，听话带队回家。而后者则不知收敛，最后被司马懿轻而易举地用借刀杀人的方式处理掉。

行百里路半九十，尘埃落定才知道你赢没赢。

这件事情对于司马懿来说，在蜀军和魏军都“各回各家，各找各妈”的时候，只是完成了90%的程度，在“三年，迁太尉，累增封邑”之后才算是彻底尘埃落定。

前者是这场战争后魏蜀两国得到的结果,后者是司马懿个人得到的结果,也是更重要的结果,是他参与这件事的目的。隔了一段时间才被升职也间接说明了曹叡的犹豫,对司马懿的猜疑和观察。

如果前期的工作是90%比例的话,最后的收尾占10%。看起来前者更重要,但是只要这10%没完成,工作就永远没有结束,也永远得不到想要的圆满成功。

不要认为胜利就可以获利,做不好收尾工作,也可以让你的全部努力瞬间化为泡影。而收尾的工作,除了要干净利落不留后患之外,还要做好一个很重要的事情,那就是借机拉近或修复重要的人际关系,尤其是与自己上位有瓜葛的群体的关系。

贪心且心胸狭窄的人,只懂得为自己谋利,却忘记了福祸相依的道理。要知道,天下的便宜,怎么可能只让你一个人占尽呢?偶然为之还说得过去,时间长了,免不了成为大家羡慕嫉妒恨的对象,被孤立是轻的下场,被打击陷害暗算也是可以预见的。

孔子说"君子不立于危墙之下",这个"危"可以是危机,也可以是危险的局面。贪心不足蛇吞象,想成功要会做人,会做人要懂得人情世故。人情世故告诉你:大家好,才是皆大欢喜的局面。

司马懿始终明白这个道理,什么身份就做什么身份该做的事情,从不逾矩。

如果让领导在两个人之间做选择,甲能力出众但做人狂傲,乙能力一般但识大体有眼色,多半领导会选择后者。再有能力的人,如果不服管教,一方面会怀疑他对企业是否有足够的忠诚度;另一方面,也令人感到有威胁感。谁会让这样的人在身边存在呢?

所以,当大家听到公司因为改制而需要进行裁员的时候,在暗中

讨论人选的时候，Q成了头号人物。作为销售副经理的他业绩连续三年排在首位，按说是最应该被挽留的人。事实证明，大家猜错了。第一个被裁掉的人正是Q，据说还是总经理亲自点名。

原因很简单，他有能力却不安分，私下总是与很多对手公司有联系，面对客户的时候不择手段，甚至不惜牺牲公司的品牌形象为自己牟利。虽然这一切都是暗中进行的，也没有切实的证据，但是哪个领导会容忍这样的人呢？

所以，人在江湖漂，做事要有底线。

虽然说“人不为己，天诛地灭”，也有一句话叫作“无利不起早”，但是凡事都有一个底线，太贪心让自己越过底线，短期可以获利，从长期看是一件非常危险的事情。

沈先生与胡先生是S企业的创始人，最初两个人并肩奋斗，经过一段时间开疆扩土，S企业开始步入正轨。按照最初的约定，作为出资方的胡先生得到了公司的所有权，而沈先生则得到了经营管理权。

可惜，曾经共患难的兄弟在富贵面前分道扬镳。沈先生认为S企业的成功靠的是自己的实力和努力，仗着这些汗马功劳他开始目空一切，不将胡先生放在眼中。结果，胡先生以加强企业管理为由请来了专业管理公司，借由第三方的力量不动声色地将沈先生“驱逐”出公司。

人在江湖漂，要懂得身边那些隐藏着的底线。底线也是各种游戏规则，如果你非要当违反规则的另类，等待你的不会是新天地，而是成为不受欢迎者被扫地出门。

借花献佛
——顺水人情一本万利

魏青龙二年(公元 234 年)。

这一年,司马懿已经成为魏国军界当之无愧的老大。随着战事的结束,东吴退居一隅,蜀国则因为诸葛亮的辞世而元气大伤。司马懿暂时没有仗可打了。

在军事领域无事可做的司马懿并没有因此而消极,他要谋算的事情还多着呢!于是,他将目光转到了魏国国内。

说起来,他除了担任大将军的职务,本职工作还是辅政大臣,做了多年的行政工作。这个老本行当然不能丢下。在司马懿看来,他要两手抓,两手都要硬。

下一步,司马懿将工作重心集中于一点,这就是兴修水利,大力屯田。

民以食为天,这也是一件大事。魏国的版图在三国中最大,人口最多，粮食问题更加紧迫而重要。倒退十几年，他还在曹操手下担任军司马的时候，就曾经提出过发展军屯制度的建议，并得到曹操的好评，执行效果也很好。

因为是比较在行的工作，所以司马懿干得顺风顺水。

很快，一年的时间过去，司马懿的军屯田地产粮丰盛。

青龙三年，魏国发生了一件在曹叡眼中很糟糕，在司马懿眼中是时机到来的事情。

关东地区因为干旱导致大灾荒，很多百姓因为饥饿而选择背井离乡。如果这个问题解决不好，很容易发生灾民因为饥荒而闹事的暴动局面。

曹叡正头疼时，司马懿的急报在信使的快马加鞭下送到了他的手上。曹叡展开信，匆匆地读了一遍。之后，难掩激动的心情，几乎要拍案而起。

司马懿的这封信简直成了曹叡的及时雨，让他摆脱了当前的困境。司马懿在信上写的什么？信的内容是这样的——

> 主公，您好。听闻关东发生了饥荒。这件事很严重，如果灾民变成流民四处闹事，对国家社稷有害无利。不知道皇家粮仓的存量有多少，估计是不充分的。我领俸禄自然要为君分忧。这几年我致力于农业工作还算小有成绩，囤积了一些粮食，也许杯水车薪，但是有总比没有强。我清点完毕后即刻上路，计划押运五百万斛粟米回洛阳。大约需要××天，请君稍安毋躁，我随后就到。臣司马懿上。

于是，半个月之后，洛阳城轰动了。在人们的夹道欢迎中，司马懿带着大批的粮食，风光无限地以救世主的形象回到了洛阳。

这就是史书上记载的——

关东饥,帝运长安粟五百万斛于京师。(《晋书·宣帝纪》)

司马懿不愧是谋略高手,他的每一步都可以说是在计划之中。而且,他做事的目的性非常强,绝不是随波逐流。无利不起早,司马懿会费心思地玩这招“借花献佛”,自然要以此为自己谋利。

“借花献佛”,在司马懿的眼中,佛有两个,一个是看得见的佛,一个是看不见的佛。

看得见的佛是谁?曹叡!

魏国是曹家的,曹家的一把手是曹叡。魏国发生饥荒,最头疼最着急的人是曹叡。这个老大是司马懿的顶头上司,他的态度决定了司马懿的仕途。

作为下属,能够在关键时刻为领导分忧解难,好比雪中送炭。当一个人肚子正饿的时候你给他馒头吃,与他吃饱了你再给点心,效果是不一样的。所以,司马懿雪中送炭达到的效果远远要高于在盛世光景下什么“麒麟献瑞”之类的阿谀奉承的锦上添花。

司马懿与曹丕的亲密关系,就是靠雪中送炭建立起来的。想当年,他积极协助曹丕成功地成为太子,在危难中建立起来“战友情谊”,直到曹丕临死的时候都不忘嘱咐儿子要善待司马懿。

这一次运粮是司马懿的故技重演。他与曹叡的关系并不亲厚,能够发展到今天这样的地位多半原因并不在于他的能力,而是曹家后继无人。在这个空缺的当儿,司马懿才有出头的机会。曹叡也是一个心思深沉的主儿,两个人不能交心,司马懿担心自己随时会被对方“过河拆桥”。为了巩固彼此的关系,司马懿势必要做些什么来讨好曹叡。

还有什么比这件事更可以让司马懿讨好曹叡吗?况且这些粮食也不是司马懿自己的私有财产,借用一下,又不损失什么。经过这件事,

即便曹叡依旧不能够完全信任司马懿，至少心中会有一份感激。只要这份人情存在一天，司马懿就多了一些安全保障。

看不见的佛是谁？民心！

灾荒中，地主未必舍得拿出存粮赈济灾民，朝廷也未必有足够的粮食赈灾。当司马懿高调的表现成为当时热炒的头条新闻，并被散布到四方后，谁都知道粮食是从哪里来的，是谁献出来的。

老百姓不管谁当政，也不在乎谁失势。只要有人可以让自己的日子过得顺心，这个人就是他们心中“最美的人”。

司马懿当然不会做赔本赚吆喝的事情。他既然如此大手笔奉献，想要谋求的东西自然也非常有分量。除了为君分忧，还为自己博得宅心仁厚的好名声，得到了百姓的拥护。更何况，这些粮食属于军屯的公共资产，他借花献佛，为己所用，还之于民，为自己赢得一个好口碑，何乐而不为呢？

民心，这个看不见的佛才是司马懿心中的真佛，也是他致力于打造自己的潜在资本。

司马懿的出身不高，他可以走到如今的地位，全部靠的是自己的努力。但是人在屋檐下，司马懿走得小心翼翼，战战兢兢。也许，因为一件事做错就可能让自己所有的努力付之东流。他想要站得高，想要坐得稳，单靠获得领导的欢心还不够，也不稳固。他必须通过这样的手段，来“感动民心”。

俗话说：“金杯银杯不如老百姓的口碑。”司马懿找到了可以让他受益无穷的金矿，在日后的岁月中，他还会无数次地出手，巩固自己所获得的民心资本。

那么，如何理解借花献佛呢？从获利的角度说，“借花献佛”与“借鸡生蛋”相似，其目的都在于借别人的钱做自己的事，并从中获利，是

"空手套白狼"的一种表现形式。

这只是表面解读"借花献佛"。

从本质看,"借花献佛"还有两个关键词。

关键词一:布局

借花献佛,借的是别人家的东西,给的是想要的人,而自己则从中间起到"空手套白狼"的作用。在这过程中,考验的是操作者谋划布局和具体执行能力。

熟悉《三国演义》的朋友都知道"草船借箭"的故事。在赤壁之战前期,东吴大都督周瑜为了刁难诸葛亮,让他在十天之内造出十万支箭,这样的要求谁也做不到,可见这是一个置人于死地的毒计。面对这种困境,诸葛亮不仅不争辩,反而承诺"只需要三天"即可圆满完成任务。果不其然,诸葛亮凭借大雾的遮掩,同时利用曹操多疑的性格,在船上摆放草人,曹操以为敌人偷袭,命令万箭齐发,就这样诸葛亮顺利借够了十万支箭,谈笑自若地献给周瑜,为赤壁之战立下汗马功劳。

由此可见,借花献佛可以帮你解决看似不可能解决的问题。按照常规方法老老实实地去做,当然是绝无成功的希望,而如果利用"借花献佛"这一谋略则可达到四两拨千斤的效果,可谓破局之独门利器。

关键词二:虚体利益

虚体对应的是实体。实体利益,是现在就可以看得到,可以摸得着的东西,比如现钞,比如房产地契,又比如经营权或管理权,再比如某件物品的所有权,等等。

虚体利益,看不见也摸不着,作为一种风险投资,它带有不确定性,投入资本后不一定有收益,比如炒股或买彩票。我们并不确定未来10 元的股价能不能涨成 50 元,也不确定 2 元的彩票能不能中 500 万元。

更有甚者，虚体利益指代的是一种无形资产，比如名气，比如众人的支持率，比如你的声望和影响力，等等。无形资产也有价值，但不是谁都可以预想得到，可以等得起。

一般来说，人们倾向于选择到手的利益，而不太相信看不见的东西。正因为虚体利益是无形的，所以人们对它并不太感冒，而常常与其失之交臂。反观那些成大事者，却着实有魄力有胆识，敢于为了一些无形的虚体利益而舍弃既得利益，最后才可以成就大业。可见，舍得与虚体利益是相辅相成的关系。

“借花献佛”重点是献，而不是借。

“花”很美，会让短视的人面对借来的好处而犹豫不决，不舍得出手，从而贻误时机，失去获得更大利益的可能性。“佛”是贵人，但没有好处，不会无缘无故帮助你。所以你必须毫不吝啬地把手中的花献出去！

第六章 进阶 忠诚和背叛距离有多远

司马懿告诉我们：表忠心，绝对要高调！

在司马懿一贯低调做人做事的时候，唯独“表忠心”这件事他做得非常高调。

在忠诚和背叛之间，司马懿永远知道其中的分寸。

他人的评价，意味着什么

司马懿的人生还是比较顺利的，没有太大的风浪，一路高歌猛进，从一个小小的文学掾，到主簿，到军司马，到尚书，到骠骑将军，到大将军，到太尉，到太傅，直至成为相国。

当然，在这段漫长的人生路程上，司马懿也曾经多次遭遇过坎坷，甚至有些事情是很危险的，如果当时处理不好，让事情向另一个方向发展，司马懿的人生可能就要在那一个时间点上戛然而止。

比如说在景初元年，就曾经发生了一件让司马懿想起来很后怕的事情。

那是发生在公孙渊造反前，地点在洛阳城的曹叡行宫中。当事人有三个，曹叡、尚书令陈矫以及侍中吴质。

故事这样开始了——

在谈论政务的间隙，曹叡冷不丁问其他两个人："你们觉得司马懿

能不能算得上是一个社稷之臣呢？”

究竟是吴质先回答还是陈矫先回答，历史上没有定论。但是从性格上看，大约会是吴质先开口，对他来说这个问题很好回答。于是，吴质回答道：“骠骑将军司马懿，忠智至公，社稷之臣也。”

曹叡没有理他，转头看向陈矫，等待着他的回答。

曹叡的问题很突兀，陈矫如果不能敏感地从曹叡的话中嗅出背后的含义，那么他也混不到尚书令的位置。

然而，这个问题陈矫不好回答。因为他的身份是尚书令，负责的就是日常的各项行政事务，所以无论答案是肯定还是否定，他还必须同时给出一个说明的理由。

陈矫在听到这个问题之后，大约许多问题在脑海中开始不断翻涌起伏。

思虑一：不久前司马懿不是还给曹叡进献了一头白鹿，并且曹叡还高兴地下旨大大表彰了司马懿。怎么现在会问出这样的问题呢？他起疑心了？司马懿最近做了什么事情了吗？我怎么没有听说呢？

思虑二：皇帝为什么问我？他问我的同时有没有已经问了其他人呢？如果问了，其他人都是怎么回答的呢？怎么也没有人和我通气？又或者说，这只是他现在心血来潮的问题而已？

思虑三：对了，吴质和司马懿的关系很铁，他们当初不是“太子四友”吗？估计出去就会把这件事告诉司马懿吧？我这会儿的回答要是说错一个字儿，让司马懿知道后，他会对付我吗？

不知道是不是有学问的人在回答问题的时候都喜欢绕弯子，比如昔日曹操立世子时向贾诩咨询，对方给出的回答顾左右而言他，只字未提谁合适，却偏偏让曹操听进去，进而彻底让曹植失去了希望。

曹叡很聪明，一般的理由不能搪塞过去。陈矫沉吟着给出他的回答："司马懿是朝廷之望；社稷，未知也。"

说完之后，陈矫退到一旁，眼观鼻，鼻观口，口观心。

这件事似乎就这样不了了之了。不过这件事很快就传进了司马懿的耳中，不久后司马懿平叛公孙渊的时候做出"待罪舞阳"的诗，显然他也明确地知道曹叡疑心自己了，接下来他当务之急就是尽量用表忠心的方式弥补这个不容易黏合好的裂痕。

当然，那就是后面的故事了。

司马懿在他人眼中是怎样的人？

司马懿打仗的时候善于知己知彼、百战百胜。

那么，其他人对于司马懿的了解又有多少，其中真实成分有几成，曲解成分有几成，怀疑成分又有几成呢？

在这件事上，三个人对司马懿的看法各异，但也同时没有一个人是持反面态度，立场坚定而强硬地认为司马懿是一个"黑五类"，坏分子。

这是一个很有意思的现象。

很多时候，被排挤，受委屈都是自找的。不要不服气，反思一下自己的行为会发现一定曾经有一些不当的行为，让你得罪人而不自知。

反过来看，司马懿会做人，让他在这件事上至少没有吃暗亏，被下绊子，让他人背后说自己的坏话，打小报告。

作为曾经的"太子四友"党的成员，当事人之一的吴质绝对是选择站在司马懿一边的。另一个陈矫与司马懿的关系就比较暧昧了。没有什么记录表明两个人关系有多和谐，当然，也没有记录表明两个人曾经交恶。

曹叡会问这个问题，更多的是希望听到陈矫的看法。至少在他看来，陈矫的话比较中立。

仔细推敲，其实陈矫并没有给出肯定或否定的回答。其根本原因大约是他还摸不透曹叡是什么意思。相比较于吴质肯定的回答，事实上，陈矫很圆滑地保持了中立的态度，且给出的答案模棱两可。

他先是偷换概念地将“社稷之臣”变成了“朝廷之望”，而至于社稷方面，陈矫表示：“老大，一切皆有可能！但我不知道。”

为什么说这个回答很中立呢？

首先，他在避重就轻的同时也对司马懿的才能表示了充分的肯定，毕竟这是人尽皆知的事情，是不能否定的；

其次，他的“朝廷之望”的形容词与他此刻的尚书令的职位倒也吻合，就事论事，无可厚非；

最后，故作中庸地表示社稷的概念太大，我不能确定。

陈矫的回答体现了他的老到，同时对于司马懿来说无功无过，不痛不痒。

倒是吴质的回答险些坏事，显然是一个非常标准的“反面教材”。

看起来是在保司马懿，但是如果对方心中所想与他的回答背道而驰，那么他越说好话，对方疑心越会增加一分，反而是在帮倒忙。而且吴质的话听在有心人耳朵里，立刻会将他划归到司马懿一伙，就算他不是，也撇不清关系了。

所以，请重视他人对你的评价。

有时候，也许旁人的一句无心之语，会让你陷入水深火热中，也会让你凭空得利。

虽然说“人贵有自知之明”，问题是除了清楚自我之外，他人是不是能够准确地认知你这个人呢？

人的形象可以分为理想中的我，真实的我，以及他人眼中的我。

在社交中,他人眼中的我是更重要的。这关乎你给人的印象是怎样的,比如第一印象。良好的第一印象对于你今后与对方的交往有着极大的协助作用,而坏印象则可能让你们的交流因为误解而艰涩并备受阻碍。

人无完人,都会有缺点,有不好的地方。但是,有的人可以被大家所喜欢,有的人却遭到众人的排斥,这绝对不是出于偶然或大家都以貌取人。想要让他人看到你正面的、积极的、良好的样子,取决于你怎样在他人面前表现自己,也就是你会不会做人。

唯有如此,当你处在危难之中的时候,才有人出面给你支持和帮助;当你遭受误解的时候,有人出面为你仗义执言;当你面临困境的时候,有人出手拉你一把。

自信和实力，让你更有说服力

魏景初二年(公元238年)。

魏国辽东的公孙渊暗中结盟东吴，宣布独立。

曹叡召回司马懿，将公孙渊这块“烫手山芋”扔给他。

二人见面，曹叡顾不得寒暄，开门见山地表示：本来这件事没打算麻烦你，不过日久生变，还是尽早除掉这个祸患。你有没有什么策略？

这个时候，司马懿如果被问住了，接下来也就没有他什么事儿了。当然这是不可能的事情，因为司马懿在还没有被曹叡叫回来的时候早已经知道公孙渊的事情，毕竟这是魏国当时的头条新闻。他知道曹叡是想让自己去对付公孙渊了。

所以，在返回洛阳的路上，司马懿马不停蹄地赶路的同时，他的脑子也在转个不停。当他到达的时候，一个方案的腹稿也已经完成。这就是司马懿之所以让他人感到非常牛的地方——无论什么时候遇到什么问题,交给他什么任务,他都有所准备,都可以很好地完成。

司马懿不动声色地听完曹叡的问话,淡定地开了口。

司马懿说:“知己知彼百战百胜,我认为目前的公孙渊有上中下三条路可以走。”

曹叡表示很感兴趣,示意他继续说。

司马懿说:“我认为对他最有利的上策是——弃城而遁, 化明为暗,凭借地头蛇的身份与我们打游击战;中策是——先打阵地战,利用辽水的天然屏障抗拒我军。一旦失势, 转而打游击战; 最不利的下策——选择守城,坚守襄平城,与我们打持久战。”

曹叡眼前一亮,等待下文。

司马懿整理一下衣襟,继续说:“不过,我估计公孙渊没有太高的智商选择上策。揣测他大约会采用中策或下策,先摆出第一道防线据守辽水,之后退守襄平城。只要他这样做,我们就趁势来一个瓮中捉鳖,将他置于死地。”

高明啊!

司马懿从容不迫,以及既有条理又有针对性的判断和策略,让曹叡忍不住激动地拍案而起。他似乎看到了胜利的结局。

不再忧虑战局,曹叡开始与司马懿商讨接下来的筹备工作。这也可以理解为是曹叡给司马懿的第二道考题。

曹叡问他:“打赢这场仗, 将军打算用时多久? 又需要多少军资呢? ”

如果说前一个问题还存在纸上谈兵、夸夸其谈的嫌疑,这个问题则是实打实地需要经验来得出结论。前者着眼大局,后者则关注细节。

曾两次对阵诸葛亮的司马懿略一沉吟,便毫不犹豫地走到军事地图前,用手指比画着说道:“洛阳离辽东不近,以我军的普通脚程计算,

到那里大约需要百日行程。公孙渊会借着辽水制造出几道防线，所以我们打到襄平城前至少需要打四五场攻击战。同时襄平城易守难攻，再考虑到公孙渊手中的存粮以及他在当地的势力，从开打到结束，无论如何不会少于百日。再加上休整需要约六十天，返回需要百日行程，我认为从去到回，大约需要用一年的时间。"

这就是史书记载的——

> 天子曰："此不足以劳君，事欲必克，故以相烦耳。君度其行何计？"对曰："弃城预走，上计也。据辽水以距大军，次计也。坐守襄平，此成擒耳。"天子曰："其计将安出？"对曰："惟明者能深度彼己，豫有所弃，此非其所及也。今悬军远征，将谓不能持久，必先距辽水而后守，此中下计也。"天子曰："往还几时？"对曰："往百日，还百日，攻百日，以六十日为休息，一年足矣。"(《晋书·宣帝纪》)

最后的最后，司马懿不出所料地凯旋。

自信是成功的基石。

如果连你自己都不相信自己的话，别人怎么能相信？

自信源于实力，也源于过往的经历。

司马懿很自信，一方面从他跟随曹操出征开始，积累了许多的经验。另一方面，他通过独立作战并不断获胜，也让自己的信心和威信不断提升。

如果说司马懿对阵诸葛亮的时候还存在侥幸的成分，那么至此，在成功剿灭公孙渊之后，他在魏国军界的头把交椅的地位再也难以被他人撼动。

在曹叡之前，司马懿还没有一次独立指挥作战的经历。曹叡对他的使用在一开始大约也是抱有试探或试验的成分。

是金子总会发光。司马懿得到机会后如鱼得水大展拳脚，取得了一个又一个的胜利，他在曹叡心中的地位也逐日递增。这一切都是用事实证明的，也是司马懿对自己产生信心，并让曹叡对自己产生信心的根本原因。

史书记载，在攻打公孙渊的时候，魏军遭遇了长达一个月的大雨，这种不利的天气让军中士气低迷不已，曹叡的身边也出现越来越多质疑和担忧的声音，众口一词地建议他下令撤军。曹叡公开对群臣表示“司马懿非常人，能够临危应变，我相信他的能力”，给予他有力的支持。

君臣一心，公孙渊必败无疑。

司马懿的威名不只在墙内开花，甚至于魏国之外也威名赫赫。

这一点，也体现在公孙渊这件事上。

公孙渊的独立也不是无缘无故的一时兴起，里面有东吴孙权的挑拨离间和煽风点火。虽然，最后公孙渊选择独立而不是投靠孙权，但基于利益二人还是选择联盟。

当司马懿带领着大军找上门的时候，公孙渊接到了孙权的一封信。信很简单，孙权表达了他对“盟友”的担忧，孙权说：“司马懿非常善于用兵，而且变幻莫测，神出鬼没，基本上攻无不克，战无不胜。啧啧，这个对手太可怕！”

公孙渊听进去了吗？至少他的重视程度不够。

于是才有了后面被司马懿抢夺到主动权，一路被牵着鼻子走，直至困守襄平。

自信者必能成功。

成功不是一蹴而就。除了实力，有野心，有抱负，还要让自己时刻充满自信。

马云在创业的时候因为资金问题而四处寻找投资方。一次，经朋友介绍他参加了软银集团的某次投资阐说会。因为准备仓促，当其他人西装革履，手拿厚厚的演说稿或使用 PPT 阐述自己的创业理念的时候，马云只穿着一件普通的夹克到达了会场。

轮到他上场的时候，被告知他只有六分钟的演说时间。

马云拿了半张纸走上台，在他面前坐着的投资方审视着这个“与众不同”的家伙，似乎带有一些不认同，甚至是漫不经心。

三十秒的自我介绍后，他们抬起了头；一分钟的演说后，他们坐直了身体；五分钟后，他们开始争相提问，表现出极大的兴趣。马云就在这短短的六分钟时间内赢得了投资方的青睐，在其他参与者眼中简直是不可思议地成功获得了 2000 万美元的投资。

多年后，软银集团董事长孙正义谈起当时的情景——

孙正义说：“停下来，你要多少钱？”

马云回答：“我不要钱。”(注：当时马云已经从高盛那里获得了 500 万美元的投资。)

孙正义反问：“你不要钱?！那你来找我干什么？”

马云回答：“又不是我要来找你，是人家叫我来找你的。”

与众不同的马云，展示出了极大的热情，阐述的话语逻辑清晰，整个人非常自信。这是一种强大气场的体现。凭借着自己的自信心和不输任何人的强大气场征服了孙正义。孙正义说，他选择马云是因为在他身上看到了激情，认为他一定会成功。

情绪是有感染力的，你的自信会感染到对方，会影响对方对你产生怎样的印象。无论你想要获得什么，无论你在做着什么事业，无论你有怎样的抱负和理想，在与他人打交道的时候，想要得到对方的认同，都要给对方一种积极向上的自信态度。

表忠心,绝对要高调

司马懿不像曹操,他是政治家,不是诗人。

司马懿一生流传下来的诗作屈指可数。而就在公元 238 年的时候,他作了 首诗。

这一年发生了一件大事,辽东的公孙渊宣布独立,他公开造反了。

曹叡没有人可用,最终使出司马懿这张牌。

司马懿虽然被任命为平叛公孙渊的主帅,却在临出发前得到一个通知。明着看,这个通知是一个优差,是一种奖励,实际上却未必如此。

《晋书·宣帝纪》记载:“诏弟孚、子师送过温,赐以谷帛牛酒,敕郡守典农以下皆往会焉。”简单地说,就是让弟弟司马孚和儿子司马师陪同他在出发前衣锦还乡,先歇几天年假,并且要求沿途的郡守典农以下的官民要夹道欢迎,以示隆重。

在返乡之后与乡邻的宴席上,司马懿微醺中作了一首诗,全文是:

“天地开辟，日月重光。遭遇际会，毕力遐方。将扫群秽，还过故乡。肃清万里，总齐八荒。告成归老，待罪舞阳。”整首诗，一方面，表达自己适逢其会，得到伯乐的赏识可以一展所长，然后得到如今的荣耀。一方面，表达自己野心不大，随时做好告老回乡的准备。

“告成归老，待罪舞阳”，是整首诗司马懿想要表达的核心。

司马懿并没有醉，他清醒得很，与其说酒后的诗兴大发，不如说趁着酒醉作一场秀。至于观众是谁，当然非远方洛阳城中的曹叡莫属。

司马懿的“待罪舞阳”并没有结束，他在打赢公孙渊之后的善后工作中还有一个小花絮。

当时天气已冷，有些士兵耐不住寒冷，请求司马懿发给他们一些短袄御寒。这本来是一个很简单可以做到的事情。但是，听听司马懿是怎么回答的呢？“短袄是官物，作为人臣不能私自施舍。”这句话说得多得体，觉悟多高啊！

对于司马懿而言，说不如做，行动永远比言语更加有效果。这件事是他表忠心的延续，不是“将在外，君命有所不受”，而是“一颗红心向太阳，永远听从曹叡的话”。

至少，此役之后，司马懿依旧稳稳当当地做着他的将军，而一年后曹叡病逝的时候也将他任命为辅政大臣。

司马懿有惊无险地进入新的人生中，那又是一段波折而精彩的故事了。

曹叡与司马懿的关系非常微妙。

不亲密也不疏远，只不过彼此之间好像隔着一层纱，而导致这种有些尴尬局面的原因其实很简单，用四个字可以概括——功高震主。

是的，曹叡有些忌惮司马懿了。

军功是一把双刃剑，司马懿一展所长，他收获了胜利，也打响了名气，而这件事也带来了很大的负面影响，比如曹叡有些难以接受司马懿在军界的名气越来越大，他的拥趸越来越多的现实。

曹操开国前就定下了不成文的规定，军权要牢牢握在自己人手中，之后的曹丕以及曹叡继位初期都是遵循这一点的。

司马懿可以在军界脱颖而出，有实力的因素，也有运气相助。曹家青黄不接，短期内无人可用。东吴和西蜀的敌人可不管这一套，不断犯境，照打不误。于是司马懿的机会来了。

司马懿有实力，他做得很好。

问题是他做得太好了。曹叡发现司马懿似乎总有发掘不完的潜力，他看不到司马懿的边界在哪里，这是一件很可怕的事情。他发现自己竟然看不透司马懿。虽然现在司马懿表面臣服于他，很忠心，也很能干。但是，如果司马懿生了二心，曹叡不确定自己是否有控制他的能力。

君臣离心，基本都是从猜忌开始。

司马懿熟读史书，这一点他也绝对不是不清楚。于是在前一年，他捕获到一头白鹿，这在那个年代有着祥瑞的意义。司马懿毫不含糊，派人千里狂奔将这个祥瑞送到曹叡手边，使得皇帝龙心大悦，开口夸赞司马懿是周公之望。

喜悦过后，曹叡的疑心仍然存在，更何况身边还有很多并不乐见司马懿得势的人。

然而，司马懿很识时务。

基本上，当老大开始怀疑你的时候，就算你再怎么争辩，除了抹黑自己的形象，令他更加厌恶之外，根本是不起任何作用的。人的观念的形成可以用“冰冻三尺，非一日之寒”来形容，那么要化解某种看法一样需要时间。

化解，最好的方法是大事化小，小事化了。最好让对方转移注意力，渐渐淡忘了自己曾经令他忌惮的原因，让大家的和谐关系重新回到正常轨道上。

司马懿告诉我们——表忠心，绝对要高调！

在司马懿一贯低调做人做事的时候，唯独“表忠心”这件事他做得非常高调。唯恐曹叡不知道，必须使出大手笔才够力道。比如千里献白鹿。

“告成归老，待罪舞阳”，并不一定是他的真情实感。如果真的可以告老还乡，此刻的他也不需要再苦心经营了。这只是一种表态，表明自己的忠心，表明自己绝对没有过分的野心。他在告诉曹睿：请你放心，虽然我执掌了军权，但是我随时可以滚回老家去。请你不要疑心我。

曹叡任用司马懿本是因为自己家没有人了，而不代表他信任司马懿。即便是曹丕临终的时候一再强调绝对要相信司马懿，但是他老爹是他老爹，他是他，此一时彼一时。

对于司马懿声名赫赫这一点，曹叡没有明显表示出任何的不满。该封赏的封赏，该表扬的表扬。但是，静水深流，越是平静的表面下越是有不平静的一面。

司马懿每一次回答曹叡的问题都很有深度，有创新性，也总是能够摸准脉搏开出对症的药方。曹叡当时会眼前一亮而采纳，事后又会反思：这个人的见解太厉害了！简直是第二个诸葛亮啊！他如果是我的敌人，啧啧，将会是一个多么可怕的敌人啊！

匹夫无罪，还可以怀璧其罪！如果司马懿有一丁点儿地表露出来他确实有野心的话，曹叡就算是玉石俱焚也不会容他安然无恙。

曹叡并不是不着急平叛，却又一反常态地在平叛前给了司马懿几天假。表面看是笼络人心，激励司马懿为自己卖命。如此高调抬高司马懿,他在背后究竟打的什么算盘?

枪打出头鸟,木秀于林风必摧之。被羡慕嫉妒恨的对象,永远是出色的人。被抬高的同时也成了众矢之的,成了孤家寡人,成为只能依附于上司的一个特殊的存在。

司马懿如果真的天真地以为是一种优待,基本上是他的脑袋让驴踢了才会这样想。于是,才有了“待罪舞阳”的诗,才有了后来的严守君臣之道,一针一线不自作主张的故事。

当初讨伐孟达的时候,司马懿根本就是一出先斩后奏,那个时候他怎么没有一丁点儿的忌讳呢?怎么没考虑到身为人臣没有命令不能私自行动这件事情呢?结论只有一个,他在作秀给曹叡看。在敏感时期,他一点儿把柄也不能让对方抓到。

战国末,秦国大将王翦在六国间威名赫赫。有一次,他在出征讨伐敌国之前,忽然做了一件让人意外的事情。他找到秦王,讨价还价地要求对方赏赐给他一些良田和房舍。秦王发愣,说道:“你放心出征吧!打赢之后这些封赏少不了你的。我不是食言和小气的人。”

王翦很认真地回答:“老大,我出生入死也不过是为了挣一副家业。我不求荣华富贵封侯,但求可以吃饱饭,同时给子孙留下能傍身的家业。”秦王哈哈大笑,当即答允了王翦唐突的要求。

王翦的亲信很不解,在路上忍不住开口问他为什么这样做,毕竟一个不留神,很容易让秦王认为他在借势要挟。王翦微笑着揭开谜底,他说:“我不是贪利之人,而是不想让自己面临功高震主而被秦王怀疑的局面。明着要求封赏,实际上是为了安抚秦王的疑心,让他不会认为我会利用军权图谋造反。”

当你因为遭遇上级的怀疑而心怀委屈的时候,有没有反过来审视一下自己的行为是不是存在不当的逾矩的地方呢?有时候,也许你是

无心之举，但在对方眼中却是难以忍受，不能接受的行为。误会就这样产生，然后加深，然后形成不可弥补的裂痕，最后在矛盾中爆发，使得双方受损。

人在江湖，能不挨刀的，都是那些大智若愚的人。

大道至简，大智若愚。夫唯不争，天下莫能与之争。

收敛你的才智，不张扬，不计较，低调做人做事。不要做精明外露的“傻瓜”，不要让自己落得一个“机关算尽太聪明，反误了卿卿性命”的下场。

不仅要懂得吃亏是福，还要懂得功成身退。

正所谓，有舍有得，贪恋或看不开，下场堪忧。

被称颂为“功高无二，略不世出”的杰出军事家韩信，辅佐刘邦创立了西汉王朝，作为开国功臣他被封为齐王、楚王，后来又被贬为淮阴侯，直至因为刘邦的猜忌而安上谋反的罪名，落得个处死的下场，不禁令人唏嘘。而作为“汉初三杰”的另一位主人公张良，则能够急流勇退，让自己避免了韩信一样的下场；寿终正寝后，还被谥为文成侯。

两个同时代的人，两个同样才能卓越的人，两个高智商的人，因为一念之差造就了两种不同的人生，关键点有四个字——功成身退。

所以，在面对上级的时候，永远不要以己度人。

你们站的高度不同，思考问题的角度不同，你认为无关紧要的事情很可能在他的眼中是不能触碰的禁区。打江山的时候或许会与你亲密无间，因为你的利用价值很高。守江山的时候或许就会翻脸无情，因为一山不容二虎。从这一点上说，宋朝开国皇帝赵匡胤的“杯酒释兵权”也是一个典型的例子。

此外，领导大都喜欢老实人。老实做人，干净做事。

最重要一点是——识时务。

变化若神，才能所向无敌

公元238年，司马懿受命前往辽东平叛。

司马懿踌躇满志地出发了，远在辽东的公孙渊也接到了这个消息。同时，他的盟友，东吴的孙权也得到了信报，并“好心”地写了一封信给公孙渊。

孙权在信中强调说：“司马懿非常善于用兵，而且变幻莫测、神出鬼没，基本上攻无不克、战无不胜。啧啧，这个对手太可怕！我很担忧兄弟你！”（司马公善用兵，变化若神，所向无前，深为弟忧之。）

公孙渊不是善茬，虽然他还是比较重视司马懿这个对手的，但是还没有到心生忌惮的地步。何况他不久前刚刚打了胜仗，抵抗住了曹叡派遣的第一波进攻。这让他信心大增，于是他大咧咧地派出人马在辽河岸边摆开了架势，修建了坚固的防御工事，严阵以待司马懿。

“天时、地利、人和”，这三拍子我占全了，司马懿你能奈我何？

这边，司马懿带着四万魏军经过几个月的行军才终于赶到辽隧。

此时，他面临的局面是：对方挖出长长的战壕，以逸待劳严阵以待。而自己这一边则是经过长途跋涉的疲惫不堪的人困马乏的局面。

显然立时开打并正面对阵公孙渊的军队，绝不是明智之举。

当然，司马懿也没打算这样做。稍事整顿之后，司马懿立刻下令兵分两路，留下小部分兵力在原地造势，遍插军旗迷惑辽水对岸的敌人，做出佯攻的架势。他自己则带着大部队迂回到辽水北部，偷偷渡河，绕到了敌人的身后。

避其锋芒，攻其不备。这是司马懿祭出的组合拳中的第一招。

来到对手背后的司马懿却并没有如手下人料想的那样出其不意地攻打辽隧守军。出乎大家意料的是，他下令修建防御工事，同时派人将渡河时用的船只全部销毁。一切都是大张旗鼓地在敌军背后进行着，也不出意外很快就被对手获悉。

司马懿的行为让他的下属一头雾水，十分迷惑不解。明明可以打对手一个措手不及，现在这是唱的哪一出啊？

高手是特立独行，目光高远的。司马懿才不傻，这样自毁后路，放弃动手先机的行为背后，有他与众不同的心机打算。

他是怎么想的呢？

司马懿在玩一招“声东击西”的连环计。

第一个“声东击西”是引子，渡河的举动是在为他下一步计划做好铺垫。所以他不在乎对手会不会察觉到他的动向，甚至，他是有意让对手发现自己。

第二个“声东击西”才是“主菜”，他用修筑防御工事的方式告诉对手，他意在甩开守在辽水那里的辽隧守军，转而去攻打襄平这个大本营。

声东击西，攻守易势。这是司马懿祭出的组合拳的第二招。

战局瞬间发生颠倒，司马懿简单的一招“声东击西”，成功牵住了对手的鼻子。对手开始恐慌，被迫放弃防守战略，转而主动出击。

不过，司马懿的招数还没有结束。

司马懿真的要去攻打襄平吗？

当然不是，那只会让他陷入腹背受敌的局面。司马懿不过是装样子，他的目的是“引蛇出洞”，将摆出铁桶阵的辽隧守军骗出来，让他们修建的坚固防御工事成为摆设，然后转换战场，怎么打，在哪里打，现在要由自己说了算。

魏军就这样在司马懿的指挥下以逸待劳等到了匆匆赶来的辽隧守军。早就摩拳擦掌的牛金、胡遵等人，在司马懿下达的出击命令中，如出栏猛虎一样带领军队展开猛攻。

魏军三战三捷，在乘胜追击中将这支辽隧守军全军歼灭。

引蛇出洞，调虎离山，这是司马懿祭出的第三招。也是这套组合拳的最后一招。

司马懿不出手则已，一出手就大获全胜。

这才是牛人司马懿最高明的地方，也是孙权在信中所说的“变化若神，所向无前”。

前一秒还处于不利局面下的魏军，就这样在司马懿的谋划下，瞬间由被动变为主动。下一步如何走，司马懿完全可以根据对手的反应做出不同的计划。

司马懿能够成为常胜将军的一个决定因素是，除了是一只“老狐狸”外，他还是一只“变色龙”。他的手段太多、太复杂，而且总是推陈出新，让对手摸不到门路，根本猜不到他会怎么出招。这种推陈出新，有

他不断研究的结果，也有不断吸取借鉴他人成功手段的结果。当消化吸收据为己有的时候，他的能力只会越来越强大，对手对他的了解也永远只能浮于水面，而难有深入的掌握。

孙权的看法很准确也很客观，司马懿确实“变化若神，所向无前”，正因为不断变化，永远掌握不到他变化的规律和窍门，以至于对手明明知道司马懿很厉害，也对他足够重视，但就是打不赢司马懿。

可以根据不同的情况制定出有针对性的方案，这才是高手的能力。成功靠手段，绝不能靠经验主义。用促成了一次成功的经验作为今后每一次行动的指南，这样的“守株待兔”或者说是“刻舟求剑”的行为，是愚人和迂人才会做的选择。

智者的选择是——因时而变，因势而变，因地制宜，因人而异。

司马懿的制胜法宝中一个很关键的要素是——他可以很准确地知己知彼。

司马懿对对手的研究永不停止，越来越精准。

在司马懿出征前，当曹叡询问他对未来局势如何判断的时候，司马懿有条不紊且思维缜密地给出了他对于公孙渊这个对手的了解和他拟定的基本策略。

果然，公孙渊确实没那么聪明，他很“听话”地按照司马懿的预判而行动，也让司马懿如愿以偿地获得最后的胜利。

可以说，在知己知彼这件事上，几乎没有人是司马懿的对手。

当你可以做好知己知彼这件事，而对手却总是无法做好知己知彼的时候，你获胜的时机就到了。一个因为了解对手而可以选择多种多样的进攻手段，一个因为不了解对手，所以只能选择被动地挨打防御，然后被击破、击溃，从而一败涂地。

根据实际情况做出最有利的决断是一种大智慧。遇到困境的时候，坐困愁城只能够将自己锁进自己画的牢中。创新理念，跳出思维定式，打破常规，不走寻常路，反而可以打下一片天地，取得不同凡响的胜利。

在这场对决中，司马懿完美施展了牵制对手的策略。

这一策略的奇特之处在于：让对手明知是圈套，还不得不往里面钻。

能够做到这一点，在于你可以牵制住对手，也就是俗话说的让对手被你牵着鼻子走。这绝不是一件让人心甘情愿去做的事情，却可以是一件让对手不得不低头去做的事情。

牵制带有压制性，带有强迫性，所以需要强硬地出手，需要抓住先机，需要时刻保持自己的主动地位。具体做法如下：

方法一：抓住对方的关键点

打蛇打七寸，做事有方法有技巧，抓住关键点，就可以起到事半功倍的效果。

每个人都有弱点，只不过有些人善于掩饰，有些人则轻易露出来被他人抓在手中成为牵制自己的把柄。有人好名，有人贪财，有人自私，有人自大，有人清高，有人骄傲，有人耳根子软容易误信人言，有人利欲熏心曾经暗中犯过人错，有人……

成功的人善于正视自身的弱点，克服弱点，从而成就事业。而那些失败的人，则因为不能克服弱点，逃避弱点，忽视弱点，受他人牵制。

这就是“治人”与“治于人”的区别。

方法二：“上屋抽梯”的计谋

先引诱对手上屋，然后再抽梯困住他，让他在孤立无援中不得不听命于你。

想要成功使用该计，就必须先故意送给对手一些好处作为诱饵。

没有诱饵对手不会按你的安排行事。对手一旦遵从你的主意，立刻断其后路，这样才能让他在进退维谷之际，无可奈何只能听从你的要求行事。

两个方法，前者强势出手，后者则更像是“温柔一刀”。如何使用，使用哪一个，没有固定的常法，都要视当时的具体情况而定，也就是要随时而动、随势而动，变化若神。

杀鸡儆猴

——立威其实很简单

司马懿带队前往襄平。

无计可施的公孙渊做出坚守的决策。

一场攻防战拉开帷幕。

襄平城确实易守难攻，何况公孙渊作为东道主，他也守得起一年半载。这种局面有些像当初司马懿与诸葛亮对阵的模式，诸葛亮就是被司马懿用守势拖垮的。

司马懿当然不会让历史在自己身上重演。他先是毫无缝隙地围住襄平城，让公孙渊无隙可乘，逃不出去，然后挖战壕，做攻城的各项准备。

当然，司马懿也不是一帆风顺，很快他的考验来了。

一场连绵的突如其来的大雨不期而至，且眷恋月余没有离开。

“大雨”这个老天爷打造的“敌人”，在冷兵器时代，对于魏军来说是一个不能回避的伤痛。当年，东吴孙权围困樊城，曹操派手下于禁救

援曹仁,结果被大雨所阻,不但损失严重,于禁也成为俘虏。几年前,曹真带兵伐蜀,没有打起来也是因为连绵的大雨而打道回府。

过去的教训让很多人产生了条件反射一样的想法,遇到大雨基本上就要输了。于是,反对声音开始出现。

在司马懿的近旁,魏军阵营中越来越多的人产生了恐慌心理,流言四起,"夜惊"事件频发,甚至出现了人数众多的逃兵事件。不断有军官劝谏司马懿撤退或转移阵地。

在千里之外的洛阳城,也是人心惶惶,不断有大臣请求曹叡下旨撤军。

跌破大家眼镜的是,这一边,司马懿毫不动摇地坚持自己的战略。甚至立下死令:再有提议迁移阵地的,杀无赦。都督令史张静撞到枪口,他不顾这个命令犯颜强谏,被司马懿军法处置斩首示众,成为司马懿"杀鸡儆猴"的牺牲品。

而那一边,司马懿的上级曹叡也力排众议,顶住压力,表现出对他的绝对信任。他对大臣说:"司马懿非常人,能够临危应变,我相信他的能力。你们不用担心,除掉公孙渊指日可待。"

坚持到底的结果是,那些反对的声音被强制压了下去。

不久之后,连绵的大雨终于结束。公孙渊再也笑不出来,因为司马懿的魏军早已经蓄势待发。

这场下了一个多月的大雨,对司马懿来说是一个很大的考验。

既考验他的变通能力,也考验着他的御人能力。

当面临危机的时候,司马懿一方面要绝对坚持己见毫不动摇,一方面要有效地压制住唱反调的声音,避免事态不断扩大,防止军中出现哗变。

即便是下了一个月的大雨,即便是军心浮动,即便是无人支持,司马懿依旧坚决执行围攻战略,甚至不惜使出少见的杀鸡儆猴这样的狠手段,去镇住浮躁的军心。

他的目的是什么?

襄平城已经被他团团围住,一旦轻易撤离,很有可能会放跑公孙渊。司马懿对于胜利的定位不是打赢一场仗,而是彻底消除这个隐患。所以他要的是釜底抽薪。

俗话说:行百里者半九十。如今,成功近在咫尺,如果放弃了,不但那些消耗掉的人力物力财力打了水漂,而且公孙渊是地头蛇,一旦放虎归山,他很可能与其他势力结盟。这样,自己再出手抓捕他就是很困难的事情了。

司马懿知道这一点,公孙渊也很明白,这也是他最后无计可施企图闯城逃亡的原因。司马懿绝对不会给公孙渊一丝逃跑的机会。

另外,成功少不了他人的协助。司马懿打赢公孙渊还有一个重要因素是他的上级曹叡对他的支持。

昔日,诸葛亮带兵攻打魏国,却在半途无奈撤军,背后的原因是他接到了来自蜀王刘禅的撤军旨意,理由是粮草紧张,供应不上了。诸葛亮这样的强人,也败在被自己人拖了后腿。

相比而言,曹叡明智很多。他对司马懿很支持,这种支持也源于司马懿之前的战绩,以及他在出发前对于战局有条不紊的分析,司马懿的自信传递给曹叡一个信息:我一定会赢!

这才是后来当打到一半的时候,遭遇雨季的干扰,曹叡敢于排除众人关于撤军的请求,坚持力挺司马懿到底,并说出"司马公临危制变,计日擒之矣"这样的话的前提。

正是因为曹叡绝对相信司马懿的聪明才智,相信当前的困难都不

是问题，司马懿才会胜利。

如果自己没有手段，只是上级信任也是解决不了实际问题。

在面对危局时，司马懿毫不犹豫地用了“杀一儆百”这一招。

俗话说“新官上任三把火”，这“三把火”的作用在于为自己立威。

当年，军事天才孙武到吴王面前毛遂自荐，虽然听说过他的名气，但是吴王还是要考一考这个人。他点出180名宫女，故意让孙武在半天的时间内把她们练出一个战阵。这关系到自己能否一展所长，孙武很重视这件事。他认真地操练宫女，可惜这些人却很不给力，嘻嘻哈哈打闹不休，任凭孙武如何三令五申也没有效果。

对此，孙武毫不留情地下令斩杀了这180名宫女的两个队长，不顾她们身为吴王宠姬的身份。这下子宫女们害怕了，再也不敢嬉闹，认认真真听孙武的吩咐，一丝不苟地操练起来。果然，孙武在半天时间内完成了这个任务。

尽管吴王非常生气，但是孙武诘问：“江山美人孰轻孰重？大王是否要兴兵强国？”这番话十分有道理，吴王哑口无言，心服口服之余，拜孙武为上将军。

同样的例子，还有曾国藩。在靖港战役时，湘军因为惧敌而出现逃兵。曾国藩令人在路上竖起一面大旗，严令道：“过旗者斩！”此令一出，果然有效遏制了逃兵现象。

在御人的时候，想立威必须要严厉出招，最有效的方式是胡萝卜加大棒，但是在非常时刻胡萝卜太过温情，且收效过慢。只有挥舞大棒，狠狠打几下，才可以立时生效。

没有规矩不成方圆，无论什么时候，要想更快更好地完成任务，都要靠法令的强制来保驾护航。无惧不生威，杀一儆百也好，杀鸡儆猴也好，先“杀”然后才有“儆”，有“儆”然后才有服从和执行。

天下无难事，只怕变通人

对于司马懿出神入化的兵法，智商高一些的会膜拜，平庸一些的会不解。

面对公孙渊的坚守，司马懿如同当年对付诸葛亮一样，摆出了只守不攻的架势。虽然将襄平城围困住却不打的这个做法，显然连他身边的军司马也感觉莫名其妙。

基于好问的精神，他请教司马懿："以前您攻打孟达的时候，八天走了一千多里路，神速地打败了孟达。现如今，咱们距离要比那一次远得多，但怎么反而缓慢攻击呢？"

司马老师回答："此一时彼一时。先说说孟达那时候的情况。首先，他的粮食多、军队少，差不多存粮够吃一年的，但是我们军队多、粮食少，所以，他耗得起，我们赔不起。这就是我必须要速战速决的主要原因。而且，我们人多，就算强攻，四个打一个怎么也不会输的。"

军司马表示，这个我理解了。

司马老师继续上课："但是现在情形刚好颠倒，我们粮食多所以耗得起，但是我们军队人数少，所以硬碰硬肯定吃亏。当然不能够用速战速决的方式了，何况就算速战也速决不了。对付公孙渊，我不怕他守，就怕他跑了。他跑了我才头疼。"

军司马随即问道："为什么啊？"

司马老师继续回答："知道我们来的目的是什么吗？"

当然是平叛。

"如果公孙渊跑了，算是平叛成功吗？"

不算。

"如果公孙渊跑了，你可以马上抓住他吗？"

呃，这是他的地盘，我们不熟悉地形，不好抓。

"所以，我们这次远征，耗费了大量的人力、物力、财力，如果消灭不了公孙渊，难道要一直耗在这里吗？他要是跑了，逃到邻居鲜卑那里去搬救兵，或者又跟东吴勾结，到时候不闹心吗？再说如果不能一击即中，留下这样一个祸患，回去难道不觉得丢人吗？"

司马懿绝不墨守成规。

司马懿平叛孟达和公孙渊的时候因为情况不同采用了不同的战术。

如果说司马懿在对付孟达的时候创造了一个兵贵神速的神话，在对付公孙渊的时候显然打了一场持久战。

司马懿很清楚自己做事情的根本目的是什么，不会半途被其他因素干扰，改变初衷。

无论是攻打孟达还是公孙渊，最根本的目的是要擒敌，要平叛，在这个基础上制定最有效的对策。对孟达,他打了一个时间差,让对手措手不及。对付公孙渊,显然对方已经摆好了阵势等自己上门,那么想要取胜就要仔细考量,不能完全照搬当初对付孟达的那一套。

打仗需要天时地利人和,这也是司马懿可以两次打赢诸葛亮的根本原因之一。面对公孙渊的时候,显然这些司马懿都没有占到。而主动权不在自己手上这一点,除非扭转,否则很难取胜。

谋算全局,随势而动。这就是他针对性出招的原则,也是他取胜的根本原因。可以说,司马懿的心机和他的谋算心法出神入化、高深莫测。

不仅打仗如此,做人做事也是如此,都要学会变通。

要变通,就不能让思想僵化掉。无论是做人还是做事,不会变通就会处处掣肘。

会哭闹的孩子有糖吃,能灵活变通的人才能混得好。

人在江湖,想要混得好,不会变通是不行的。变通不是要放弃坚持的立场和原则,而是不固执己见,不固守成规。

变通,变的是方式方法,初衷都是为了达到最终的目的。

变通,是为了化解难题,是为了缓解尴尬局面,是为了左右逢源,是为了化险为夷……

无论是做人还是做事,会变通的人遇到的阻力更小,也因此更容易成功。所以,为什么总有人和事与自己作对,为什么自己总是四处碰壁,这时候与其抱怨,不如反思,看看自己的行为是不是不合时宜,如果变化一下方式,是不是有更好的效果。

天下无难事,只怕变通人。做一个懂得变通的有心人,千万不要做一个墨守成规的迂腐人。这是司马懿给我们的忠告。

该强硬时绝不妥协让步

魏景初二年(公元 238 年)。

司马懿开始转守为攻。攻的是城池,更是城中的人心。他采用的是 24 小时不间断的攻击模式,不给对手一丝喘息的时间。就在史书记载的“起土山地道,楯橹钩橦,发矢石雨下,昼夜攻之”这样恐怖的强攻下,襄平城中越来越多的守军开始崩溃。

公孙渊终于顶不住了。他派出相国王建和御史大夫柳甫做使者来谈判。他们对司马懿说,只要你撤军,公孙渊保证会绑起自己来请罪。

骗小孩子呢?当我看不出这是缓兵之计?

司马懿当然不相信这番鬼话。他下令将二人斩首示众,同时回了公孙渊一封信,开出了自己的条件。简单地说,信中内容是这样的——

大司马,你好。那两个老头已经让我杀掉了。想谈判就要拿出些诚意,别净耍花招。

公孙渊的主意被识破，二次派侍中卫演去见司马懿，表示他愿意让亲生儿子来做人质，以保证司马懿撤军后他会说到做到的自缚来谢罪。

司马懿当即打断卫演，表示：想谈判，我说了算。

当公孙渊读着卫演带回来的司马懿的条件，气得浑身哆嗦像打摆子一样。

司马懿的条件是——

"大司马，不要再痴心妄想了。你已经没有谈判提条件的资格了。我现在给你五个选择：第一，出来和我打；第二，继续做你的困兽；第三，突围逃跑；第四，投降；第五，死。你的时间不多，痛快点儿，选一个吧。"

骗不过司马懿，公孙渊绝望了。他最后的困兽之斗是带着百骑精兵突围，企图逃亡。在梁水附近被司马懿的人马追上，兵败，身首异处。

司马懿此次谈判很强硬！对于擅长隐忍的司马懿，这么强硬真少见。

用现代谈判理念解读司马懿与公孙渊的这次谈判，可以将其归类为立场型谈判。司马懿在谈判中突出的表现是立场非常坚定，就像泰山一样不可撼动。

公孙渊试图求和，司马懿为什么断然拒绝呢？

其实，公孙渊并非真心想要谈判，他无非是想要拖延时间，想用缓兵之计骗司马懿撤退，自己好趁机逃出襄平。困在这里他必死无疑，只有逃出去才有东山再起的希望。毕竟这是他的地盘，打游击战对他更加有利。

司马懿当然知道公孙渊打的是什么算盘，也自然不会让他如愿。

出来就没有空手回去的道理。在正式攻城前,魏军遭遇了一次很大的危机,面对连着下了月余的大雨,很多人打了退堂鼓,为了稳住军心,司马懿不惜杀人立威,也不放弃围攻。

他坚定地围城就是不让公孙渊跑掉,任何花招在他眼中都会失效。

当前的主动权牢牢握在司马懿手中,作为主导者,除了强势地掌控全局,操控对手,绝没有放水的可能。坚定的立场,让他无视公孙渊的诡计和花招,在断然拒绝公孙渊的条件后,强势地开出自己的条件——要么投降,要么死!

作为谈判类型的一种,立场型谈判被赋予了强硬的气质。这种谈判更像一场没有硝烟的战争,厮杀中唯有分出胜负才结束。

在立场型谈判中,立场更加强硬的一方将成为主导者,一旦掌握主动权,就可以在最后获得更多的利益。正所谓“两强相遇勇者胜”,这个时候示弱是万万不可的。

立场型谈判是意志力的博弈战,这要求我们要坚持己方立场毫不动摇。只以维护己方立场为出发点,不可轻易妥协和让步。确实如此,立场型谈判的结果没有“妥协”这两个字,必须百分之百达成己方立场才算胜利。

不过,立场型谈判的使用有其局限性,不可在什么场合都套用。

一般来说,只有两种情况下会使用这种谈判策略。

第一种是“一锤定音”型谈判,一局定输赢,没有繁复的你来我往,没有讨价还价,接受还是拒绝,一锤子买卖。

第二种是“一边倒”型谈判,双方实力悬殊,一开场,强势的甲方摆明了以势压人,但弱势的乙方别无选择,只能听命对方。

第七章 秀功 既要有实力，也要有演技

不论是装傻卖萌，还是眼泪攻势，作秀的目的不是为了娱人娱己，而是有所图谋。

实力是一方面，懂得秀出自己，也是成功的重要因素。

中国好演员
——飙戏和眼泪攻势

公元239年,魏明帝曹叡病逝,8岁的太子曹芳即位。

曹叡临终前,将曹芳托付给了两个人。一个自然是司马懿,另一个则是他的发小曹爽。

关于遗诏这件事,综合史料来看,司马懿在遗诏初稿上是榜上无名的。但是微妙的地方在于,当曹叡病得糊里糊涂的时候,有两个人站出来替司马懿说话,替他争取到了最后竞争的机会。

司马懿一会儿被告知速速赶回来,一会儿又被要求原地待命,一会儿又变成赶回去,最后在“三日五诏”的戏剧中,司马懿日行几百里赶回去见到了曹叡的最后一面。

司马懿是只老狐狸,又身处乱世,早已将明哲保身之道修炼得炉火纯青。掂掂手中的五道诏书,他又怎么会不去打探清楚个中因由呢?

事有蹊跷,太不正常。

司马懿凭借着谨慎小心的性格和为官多年的城府修为，自己从不轻易涉险。要说他在毫不知情的前提下就贸然去见曹叡，打死也不相信。

私下揣测：司马懿在曹氏集团经营多年，即便低调，该有的人脉和消息网络还是必然存在的，且那两个替他说话的人也自然会将消息传给他。

司马懿在打听之下自然听说了若干版本的小道消息，那两个人自然不会是出于道义或公心，那么也免不了要向他邀功。于是，司马懿了然了。

另一边，曹叡躺在病床上硬撑着一口气，在回光返照中等到了司马懿。他表示：我留着最后一口气就为了等你，否则死不瞑目啊！

曹叡这番话听起来很感人，但是联系前情来看，其实有太多刀光剑影隐藏其中。第一，他要亲耳听司马懿立誓；第二，他忍死相见的反义是，如果违背，他会死不瞑目，会“有所恨”的。

司马懿是什么样的人？闻弦歌而知雅意，演戏谁不会？要知道司马懿能在“疑心大王”曹操手下混得开，早就是个作秀高手了。

《晋书》记载，司马懿一进门就“流涕问疾”。态度诚恳至极，悲伤的情感酝酿得非常饱满，以至于眼泪，那是说流就流。

基本上，司马懿在曹叡嘱咐完毕之后依旧保持着“顿首流涕”的状态。也就是说，他的眼泪自始至终没有停过。

皇帝要死了，大家哭是必须的，但是哭的程度，哭的时间长短则完全靠个人把握。至少在外人看来，司马懿这一番声情并茂的哭戏显得他既忠心耿耿，又对曹叡感情深厚如家人。

如果从作秀的能力上打分，不能不说司马懿真的是一位优秀的好演员。

话说刻意地流眼泪且一直流也不是一件容易做到的事情。

至此,“以情感人”这张牌在两个人的“温和”交锋中各自出了手,司马懿恰如其分地表达了自己的悲伤和忠诚之心。

这一段临终托孤的故事到这里基本上戛然而止。

眼泪攻势,有时候很有效果。

司马懿一亮相就“流涕问疾”的表演极为典型地体现出司马懿的老道与城府。皇帝的不信任自然源于君臣感情的淡薄,这才是问题的症结所在。而此时此刻,他所要做的就是尽量黏合住情感裂痕,不让它再度被扯开。

来看看司马懿的这一场作秀是如何表现的——

绝对不要忽视“走过场”

司马懿与曹叡的最后一次会面显然有一些戏剧性的成分。两个人都在表演,有些夸张,又十分必要。无论是司马懿的“流涕问疾”,还是曹叡的“执手相望”,从本质上看都是一个必要的过场,绝对不能省略。

一场戏从开场表演到高潮的爆发需要一层层的铺垫,情绪的酝酿,气氛的渲染,话语表达得由浅入深,凡此种种,没有一个层层递进的过场是无法达成的。毕竟直奔主题虽然痛快,但是也显得非常的突兀和不合常理。

司马懿的过场走得非常成功,即便心中想着“你怎么还不死”,但是也要在表面上表现出惋惜、悲伤的样子。他用“流涕问疾”的方式开始自己的表演,这样的忠诚,这样的悲伤,这样的情真意切,对方又怎么说得出一些责备或质问的话呢?于是,曹叡也只有说出“死乃复可忍,吾忍死待君,得相见,无所复恨矣”这样的话了。

真心的吗?谁知道呢!

说话最好婉转些

根据《魏氏春秋》记载，司马懿听完了曹叡的嘱托后除了哭还给出了一句回答："陛下不见先帝属臣以陛下乎？"

先来看看这句话的字面意思。

先帝即曹丕，《晋书·宣帝纪》记载曹丕临终时曾经对当时还是太子的曹叡嘱咐道："有间此三公者，慎勿疑之。"三公指的是曹真、陈群、司马懿。大意是说如果有人向你打这三个人的小报告，离间你们君臣之间的关系，你一概不要听信。

司马懿不是肤浅的人，这句回答实在是非常的妙，颇值得深思。这句话微妙在委婉地表达了司马懿的态度，体现出他强大的气场和自信。

怎么说？

首先，用反问句式表达强烈的感情。

"这还用说吗"是典型的反问句，就如同司马懿的话。

反问句常常是回答者对提问者表示"你的问题实在是明知故问"的时候会使用的句式，是一种将自己的回答置于其中，以反问的形式表达强烈的肯定含义。表达出这原本就是大家心知肚明的，毋庸置疑的，不需要多问多想的事情。

1.用反问表达绝对的肯定。

2.用反问表达，语气更加强烈，带有陈述句所没有的情感色彩。

其次，不为自己争辩，反而提醒曹叡。

司马懿的潜台词是这样的：小曹啊，你现在如果否定我，就是否定当初你老爹的决定啊！这是不孝啊！

算起来，司马懿在与四个曹老板的合作关系中，关系最铁的还是曹丕。在曹丕信任名单之异姓臣属中，司马懿始终保持在第二三位的排名。

用对方的老爹为自己做靠山，司马懿这句话说得非常硬气且自信。

最后,过去的所作所为是我未来的最好证明。

曹叡已在弥留之际,司马懿自然无法说太多的话。这时候就算回光返照,司马懿口吐莲花的话恐怕曹叡十句也只能听进去一句。当千言万语需要浓缩成一句话的时候,怎么说最给力?

司马懿很高明,半个自夸的词也没有冒出来,却达到了最佳的自夸效果。他旁敲侧击地说了这么一句“想当年”,然后由着对方“忆过去、看如今、想未来”。夫唯不争,天下莫能与之争。我一个字也不为自己褒奖,因为我已经做得非常多了,就让这些事情来证明好了。

由此可见,不论是装傻卖萌,还是眼泪攻势,作秀的目的不是为了娱人娱己,而是有所图谋。眼泪不是必需的手段,以情感人才是追求的结果。

会用到作秀这个手段，基本上事情显然并不是按照自己的预期发展的。有了问题,有了矛盾,不是不可调和,而是要用有效的方式去解决。

说服人最有效的方式是多管齐下,一方面动之以情,一方面晓之以理。

须知,情与理不是冲突对立的两个水火不容的个体,而是可以相辅相成利用的手段。

微软在中国的分公司,每逢中秋节会下发月饼。唐骏上任后独辟蹊径,将月饼直接寄给员工的父母。并且,在月饼盒中还会附上一封他手写的慰问信,信上说:“亲爱的×××员工及家人,微软公司祝你们中秋节快乐。我们在这一年里取得了令人骄傲的成绩,我为拥有这样的员工而自豪，也希望你像我一样为他骄傲，同时员工的贡献也离不开亲人的支持，特此向你们表示感谢。——唐骏。”

据说有员工的父母收到月饼后大为感动，甚至将信装裱进镜框中挂在墙上，每逢有人来访就要炫耀一下。

无论作秀与否，这样的举动无疑是打动人心的，也是成功的。

职位和实力，你选择哪一个

曹叡最后的撒手锏是在他死后为司马懿制造一个难缠的对手。

可惜，曹氏集团发展到现在已经开始式微了，曹叡放眼四周，郁闷地发现他很难找出一个有能力制衡司马的人。斟酌再三，他将目光锁定在曹爽身上。为什么选他？

先来看看曹爽强大的家族背景吧。父亲是前朝大将军曹真，而作为曹操的侄孙，曹爽与曹叡可以说是“青梅竹马”的好友及玩伴。《三国志·魏书·曹爽传》中记载“少以宗室谨重”，不管后期他如何造反胡闹，至少在曹叡身边他的形象是谨慎持重的。大约在彼时，曹爽算是曹叡在矮子里面拔将军的无奈之举了。

但是，毕竟司马懿早已位及三公，政绩突出，又因为打赢诸葛亮而在军中有很大威望。想要制约住这样一个名气横跨军政两界的“NO.1”，单凭曹爽的家族身份并不充分。所以，曹叡在死之前下旨对曹爽“拜大

将军，假节钺，都督中外诸军事，录尚书事”。既总管曹氏集团的兵马，同时又兼任皇室行政管理工作。能力放一边，先给曹爽披上一件实权织就的防弹衣吧。

至此，曹叡也算是殚精竭虑了。死前托孤的温情脉脉不过是一场秀，摆下曹爽这枚棋子才是他曹叡内心真实想法的客观表现。

关于这一点，曹爽心知肚明。与此同时，司马懿一样心知肚明。

曹叡走了。曹芳上台了，他做的首件大事就是封赏。司马懿升任侍中、尚书。他够资格得到这些，而曹爽不需要资格也同样可以得到这些。“与爽各统兵三千人，共执朝政”体现出来的信号看似一碗水端平，实际上，与明显不是一个档次的小辈共同执掌朝政这个事实，却重重地扇了司马懿一个耳光。

司马懿如果看不出这是老曹家对自己的提防，那么也不必继续混了。

面对这凉水浇头的打击，气性大的人多半会借题发挥来表达自己的不满，毕竟面对一个乳臭未干的娃娃皇帝和一个富贵闲人出身的二世祖，你们还要事事倚重着我，我就是作威作福了，又能出什么对付我的幺蛾子？

比如，曾经挟天子以令诸侯的董卓。

司马懿却依旧低调地做着自己该做的事情，仿佛这一巴掌没有打在他的脸上。如果说他没有一丁点儿的不爽绝对是骗人的，但是城府让他不动声色，稳如泰山。做人做到他这个程度，一句“老狐狸”的称号绝对没有任何贬义。

司马懿不动声色的初衷是什么？

他难道真的会忌惮曹爽这样一个毫无建树、毫无根基的后生小辈吗？

当然不是。

司马懿眼中看到的并不是曹爽这个他眼中的黄口小儿，而是曹爽背后的谯沛集团。不见兔子不撒鹰，这才是他眼中的"兔子"。

在争斗的初期，相较于曹爽出招的虎虎生威，司马懿善于作秀，且秀得总是那样成功。曹爽却总是显露出退缩且力有不逮的样子，好像一只"纸老虎"。于是，曹爽一次又一次地上当，直至毫无防备地丢了小命。

何谓成功？

没有人不希望自己的人生活得成功，但是也不是每一个人都可以获得成功。为了成功，我们经常会去参照一些已经成功的人的故事，想要从中获得灵感，获得引导，获得激励自我的正面向上的积极力量。

打个比方来形容的话，成功人士的事例就好比是夜晚天上的月亮，从不同的人，不同的角度，不同的目的看，会看到不同形状的月亮。有的人看到的是无限圆满，有的人看到的是总有缺陷，有的人看到的是莹润的光亮，有的人看到的是密布的坎坷。

无论你看到的是什么，司马懿作为一个资历老、经验丰、智慧多的人生导师，在他的成功故事中，有着很多取之不尽的宝藏。

成功，是一个现在时。某个时间点上发生的结果，叫作成功。在这之前，全部要归结为奋斗的过程。而奋斗是带着明确的目标，但也是不确定结果的。因为有很多的不确定因素，所以输赢成败在最后一刻到来之前都只是一个未知数。

在这之后，全部要清零，变成一个新的奋斗的过程。

人生充满了挑战，成功是一个需要不断刷新纪录的标杆。儿时的成功大约是考试取得满分。成人后，成功则调整为获得财富、权力、名

望，过上安逸幸福美满的生活。成功的标准总是随着我们年龄和阅历的增长而不断调整。

职位 VS 能力，你看重哪一个？

成功很美好，如果想要获得成功，就必须先要明确什么是真正的成功。这时候，就需要理清楚两个词语。之所以关键，在于这里面存在着误区和迷思，存在着人为的和心理上的干扰。而这种干扰很可能制约我们取得成功。这两个词是——“职位”和“能力”。

曹爽在上台前不过是一个富贵闲人，整日大约过着安逸的“斗鸡走狗”的生活，不用动心思算计，不用费力气谋生计。本来他会一直到老这样生活下去，而曹叡的一道遗旨让他的生活发生了天翻地覆的变化。突然置身于一个崭新的也是尔虞我诈的环境中，曹爽能不能适应？当他一跃成为主宰者的时候，他的内心是否安稳？

司马懿与曹爽在职位和能力上的鲜明对比。

首先，让曹爽疯癫的是他的职位，让他一败涂地的却是他的能力。

对于曹爽后来的转变，从性格到人格，从做事到做人的风格，起支配作用的恰恰是他的至高无上的职位。本不具备管理能力的曹爽被人为揠苗助长，导致他的根基不稳，营养跟不上，内在能力的不足是后来他发生异变、扭曲，直至早衰的原因。

职位与能力的严重错位，导致了曹爽悲剧的人生。

其次，让司马懿退避三舍的是他的职位，让他笑到最后的是他的能力和威望无法撼动。

司马懿走了一条与曹爽截然相反的道路。

他明明实力高于对手，却总是一味后退和不争，一个决定因素是他彼时的职位。在其位谋其政，百分之百地完成好自己的工作的同时绝不越权行事。这一点由他谨慎的性格决定，也是他的城府的体现。

只让人看到好的一面并不是一件容易做到的事情,反而是做事出纰漏留把柄比较常见。当然,这也必然会成为对手攻击你的致命突破口,且是你主动送给对方的。

不是看不到权力渐渐被曹爽架空这个事实,不出手是因为必须让自己站在义理的一方,如果师出无名,就绝对蛰伏不动,也许会委屈,但更加可以获得人心。逞强斗狠会失了舆论的支持,很容易让自己变成孤家寡人。

司马懿能够让自己自始至终尽管备受打击却总是安然无恙,直至最后,他甫一出手就能够置敌于死地,且是非常轻松获得胜利,则是由他在魏国超然得无法撼动的实力所决定。这个威望是他苦心经营数十年才累积起来的,所以很厚实,很坚固,有很广泛的群众基础。所以他才可以放心地以退为进,而不担心会在后退的时候被切断后路。

打个比方,彼时的曹爽虽然已经长成一棵最高的树,但也是一棵最孱弱纤细的树,当飓风来袭的时候才毫不意外地轻易被拦腰折断。而司马懿这棵树的高度要低于曹爽,却是那棵最粗壮的树,任何风吹雨打都无法让他颤动,更遑论是折断了。

职位由他人赋予,也能随时拿走。

这一点大家应该是没有异议的吧?正因为是给予的,所以可以突然给你,也可以突然拿走。当你郁闷或惶惑于自己当前的职位的时候,请冷静考虑一个问题:这个职位能够体现真正的你吗?

当过高的职位让你感到惶惑不安的时候,真正的不安来源正是自身能力逊于职位从而产生力有不逮心理的这个事实。是不是这样呢?

真正可以让你充满自信、趾高气扬、心安理得的不是职位而是实力。

实力含义大于职位,准确地说是涵盖职位。

职位是他人赋予,实力则是自己凭本事获得。一个是不劳而获,一个是春种秋收;一个是天上掉下来的馅饼,一个是付出辛劳收获的果实,不同的性质决定了你必然会从潜意识开始对二者产生不同的感受。

如果说职位的给予掺杂了很多人为因素充满变数的话,实力的获得却绝对是大家自发地推举产生的,是毋庸置疑的,是水到渠成的,是理所当然的,也是最让对手羡慕嫉妒恨却偏偏无法夺走的东西。

面对对手的糖衣炮弹，看透不上当

公元239年，司马懿与曹爽被任命为辅政大臣。

司马懿是三朝元老，有资格、有实力。曹爽则是一个“空降兵”，仗着祖荫坐享其成的“官二代”。同时，两个人至少有30岁的年龄差。

明眼人都看得出来，曹爽是曹叡死前布下的棋局，是一枚用来制约司马懿的棋子。这一点，曹爽领命执行，司马懿也心知肚明。

故事的开端，两个人还保持着对彼此温情脉脉的态度。私下里，一个摩拳擦掌，一个小心应对。

曹爽试探的第一招，用了一个糖衣炮弹。

他上奏曹芳，以个人名义为司马懿请封。一番过场之后，旨意很快下来。司马懿从太尉晋升为太傅，同时还获得了“入殿不趋，赞拜不名，剑履上殿”的殊荣。

殊荣白话地说就是：第一，不用点名后才能入殿；第二，进去后

也不用点头哈腰以示恭敬；第三，最关键的是还可以带着宝剑穿着鞋入殿。

非但如此，司马家从今往后的婚丧嫁娶一概花费朝廷都包了。司马懿的大儿子司马师被封为散骑常侍，另外还有三个子弟封为列侯，四个人封为骑都尉。

一时间，门楣荣耀非凡。

但是，物极必反，盛极必衰。人一旦高兴过了头就很容易犯错误，曹爽打的就是这个主意。他在等着司马懿得意忘形下犯错，却打错了算盘。小狐狸终究斗不过老狐狸，看穿招数的司马懿依旧在不动声色地面对荣誉。

自己的职位推辞不掉，司马懿却让家族子弟坚决辞掉封赏。理由很简单：无功不受禄，受之有愧。

是啊，他可以保证自己谨言慎行，低调行事，但树大招风，他没有千手千眼，不能够保证自己的家人不会犯错，不会给对手送上把柄和口实。

为此，司马懿制定了几条家训，史书记载，司马懿时常告诫族人：“自满是禁忌，时有境迁，我的德行并不足以居此高位。此一时彼一时，一定要小心做人，要居安思危，这样才可以避祸保平安。”

他本人也一直用言传身教的方式遵循着这些条规。比如，时任太常职位的常林是司马懿的同乡，虽然职位低，但司马懿以对方年长自己为理由，尽管已经身为太傅，每次见面却都要恭敬地下拜。

不管作秀也好，真心也罢。司马懿在众人眼中维持着一贯谦虚、低调、会做人的形象。

于是，在人品方面曹爽失去了攻击点。

这就是史书上记载的——

乃以帝为太傅。入殿不趋，赞拜不名，剑履上殿，如汉萧何故事。嫁娶丧葬取给于官，以世子师为散骑常侍，子弟三人为列侯，四人为骑都尉。帝固让子弟官不受。帝勋德日盛，而谦恭愈甚。以太常常林乡邑旧齿，见之每拜。恒戒子弟曰："盛满者道家之所忌，四时犹有推移，吾何德以堪之。损之又损之，庶可以免乎？"（《晋书·宣帝纪》）

曹爽送给司马懿一颗糖衣炮弹，谁知司马懿不上当。鉴于司马懿一贯后发制人，率先出招的人毫无意外的是曹爽。

不是为了示好，不是为了拉拢，也不是为了臣服。曹爽的目的有三点：

第一，试探。扔一颗石头试试司马懿的水深水浅，探明攻击司马懿的哪个点是有效的。

第二，故作姿态。一方面，毕竟自己势力远逊于司马懿，在还没有站稳脚跟的时候万一被对手玩儿了，岂不太冤？另一方面，公开虚情假意地示好，卖一个人情，保一时平安。

第三，架空对手。曹爽想要与司马懿齐肩，至少要让自己手中有权，他追求的不是曹叡授予的官职，而是手中的实权。从无到有，不是凭空变出来的，而是需要他去争去抢。被抢夺的对象当然以司马懿首当其冲。太傅的职位是虚无的封号，一个没有实权的摆设，而被抬到高位的司马懿原本手中的实权则会因职位变动而顺理成章地脱手转送他人，比如等着接收的曹爽。

对于曹爽的"好心"，司马懿早就看透了，但他不能不接招。当然，魔高一尺道高一丈，司马懿化身为"拆弹专家"，于行云流水中出手，无声无息中将这一招化解掉了。曹爽的试水没有成功。任凭他如何吹捧，司马懿依然故我，且更加地夹起尾巴做人。显然对方收下了曹爽送的

糖衣，炮弹却被拆成空心哑弹。

曹爽大约不会明白为什么司马懿得到太傅的高官以及“入殿不趋，赞拜不名，剑履上殿”的殊荣，却依旧心平气和。

对于司马懿而言，“入殿不趋，赞拜不名，剑履上殿”让他有着深刻的记忆。小时候，他碰上了董卓的“入殿不趋，赞拜不名，剑履上殿”，乱世中家道中落，几经沉浮。后来曹操的“入殿不趋，赞拜不名，剑履上殿”引发了荀彧惨案，作为目击者，司马懿在一旁看得真真切切也惊心动魄。时至今日，面对一样的殊荣，司马懿的心态大约会与昔日曹操谈笑着沉吟说出“此儿欲踞吾著炉炭上邪”(这家伙是想把我架在炉炭上烤啊)，心情是相仿的。

不过是一招捧杀，当局者迷则奏效，当局者清则失灵。

“外圆内方”是中国人特有的一种人生智慧。

从古至今，无数先贤提出了“外圆内方”的为人处世之道。无论是《淮南子·主术训》中的“胆欲大而心欲小，智欲圆而行欲方”，还是《菜根谭》中的“处治世宜方，处乱世当圆，处叔季之世当方圆并用”，抑或是《曾国藩家书》中的“立者，发奋自强，站得住也；达者，办事圆润，行得通也”……作为中国传统文化中特有的一种人生智慧，无一不在阐明为人处世要遵循“外圆内方”的原则，说明做人应该审时度势，中庸地保持立场，对人对事方圆并用。

“方”是原则，是做人的立场、骨气、正气和品德。这是立身之本，是必须要坚持的东西，是人之所以称之为人，并从容站立的，起到支撑作用的骨架。

“圆”是态度，是中庸、圆滑、隐忍和大智若愚的智慧。这是处世之道，是进退自如的手段，是临危不乱的从容。使我们可以人在江湖，尽量少挨刀。

从里到外都方方正正，棱角分明，固然可以保持自己的立场，但是却未必可以得到好的效果。反而可能让自己撞得头破血流。审时度势，该方的时候坚持，该圆的时候以柔克刚，才可以始终立于不败之地。

过刚者易折，善柔者不败。示弱是一种智慧，强极则辱，实力不足的时候，硬碰硬的是蠢蛋，智者选择以退为进，在明哲保身中图谋东山再起。

老子说："夫唯不争，天下莫能与之争。"讲的是以柔克刚的道理。不争不是放弃，而是以柔克刚。天下柔弱之物莫过于水，然而水善包容，知忍让，润物细无声。从水性可悟柔道，而柔道也是做人之道，做事之道。懂得以柔克刚，是处世原则之一。

欲望让人疯狂

曹爽不是个笨蛋,很快开始了自己的圈地运动。

第一步要做的就是组建自己的班子。俗话说:人以群分,物以类聚。二世祖出身的曹爽从自身需要出发,很快网罗到了一批助手。包括南阳何晏、邓飏、李胜,沛国丁谧,东平毕轨等,还悄悄地拜了一位叫桓范的导师。

这个班子的实力不弱,有皇族,有才子,有名望长者,都不是善茬,也因为曾经失势的遭遇而紧紧抓住了曹爽伸出来的橄榄枝。于是,史书中有了这个记载:"南阳何晏、邓飏、李胜,沛国丁谧,东平毕轨咸有声名,进趣于时,明帝以其浮华,皆抑黜之;及爽秉政,乃复进叙,任为腹心。"(《三国志·魏书·曹爽传》)

人的欲望是无止境的,曾经的落魄,如今的得势,巨大的反差让曹爽的班子成员开始失去理智,变得越来越无法无天,越来越癫狂。

《论语》中有这样一句话：君子周而不比，小人比而不周。其含义是说：君子合群而不与人勾结，小人与人勾结而不合群。作为曹爽班子中的三个重要人物，何晏、丁谧和邓飏在曹爽的带领下走上了不归路。我们来看看这几个人的“丰功伟绩”吧——

史书中的何晏是怎样的人？

“晏无所顾惮，服饰拟于太子，故文帝特憎之”，“晏尚主，又好色，故黄初时无所事任”。一句话总结，作为曹操干儿子的他，是一个自恋狂＋自大狂＋小肚鸡肠的人。

比如说，何晏与廷尉卢毓平素就互看不顺眼，总有嫌隙。后来何晏抓住卢毓的小错借题发挥，不依不饶地要治他的罪。他先斩后奏地夺走卢毓的官印，然后上报皇帝，要求处置他。可见，何晏做人是如何的飞扬跋扈。

邓飏出身不高，很贪财，在魏明帝一朝曾因为浮华案发而被贬。

成为曹爽的得力干将之后，手握人事任免权的他干起了卖官鬻爵的勾当，被当时的人们讥讽为“以官易妇邓玄茂”。

这件事一方面搞臭了邓飏自己的名声，另一方面也大大降低了曹爽政权中的大部分员工的含金量，大批无能的“水货”充斥在曹爽的班子中，为曹爽日后的失败埋下了一个非常大的隐患。

丁谧被史书评价为“外似疏略，而内多忌”。

他的问题是有野心的同时太自负且孤僻。从年轻的时候开始他就总是一个人在家看书，而不出门交友，还曾经狂傲地得罪了曹家的皇亲贵戚，从而遭受牢狱之灾。

作为曹爽“三人帮”，丁谧很看不起另外两个人，用原话说就是“虽与何晏、邓飏等同位，而皆少之，唯以势屈于爽”。心高气傲的丁谧空有智谋却不会做人，不懂得团结大多数人，主动地将自己变成孤家寡人。

也因为这个原因，丁谧常常与何晏等人因为意见不合而争论不休。这种内斗的行为正是司马懿巴不得看到的。

综上，存在先天性格缺陷的三个人聚在一起，因为他们的恶行，越来越多的人饱受其害，越来越多的怨言充斥在社会各阶层人群中，以至于后来市面上开始传唱一首童谣——“台中有三狗，二狗崖柴不可当，一狗凭默作疽囊”，三狗指的正是何晏、邓飏和丁谧。

以上的所作所为让躲在暗处的司马懿积攒到充足的打击曹爽的罪证，一桩桩都足以让他即便有曹家血缘这个护身符也无法翻身脱罪。果然，当司马懿正面出击的时候，他的公告书中就明确地提道：

> 今大将军(曹)爽背弃顾命，败乱国典，内则僭拟，外专威权；破坏诸营，尽据禁兵，群官要职，皆置所亲；殿中宿卫，历世旧人皆复斥出，欲置新人以树私计；根据槃互，纵恣日甚。外既如此，又以黄门张当为都监，专共交关，看察至尊，候伺神器，离间二宫，伤害骨肉。天下汹汹，人怀危惧，陛下但为寄坐，岂得久安！(《三国志·魏书·曹爽传》)

曹爽顺遂的日子过到头了，接下来他要开始为自己和自己人曾经的疯癫付账埋单了，这个代价就是——抄家灭族。

司马懿任由曹爽做大，其实有自己的打算。

从案例中可见，司马懿对曹爽的做大不加阻拦和制止，也没有出手下绊子从中作梗加以破坏。在司马懿看来，曹爽的圈地运动如同小儿嬉戏一样，或者这样说，曹爽的四处拉拢培植自己人的行为与其说是圈地运动，不如说是他在为自己画地为牢更加的准确。

曹爽组建了自己的班子之后，做的第一件事情就是开始圈地。那些重要的岗位务必要有自己的人，出于这个想法，一批老臣纷纷被暗算下马，一时间，怨声载道、人心惶惶。

这样的气氛正是司马懿乐见的，他不动声色地顺水推舟、推波助澜，甚至煽风点火。很快，众人从最初的不满，到不安，再到怨愤，最后是仇恨。

司马懿以退为进让他看起来处处被曹爽牵制，实际上却是他在处处掌控着曹爽，让曹爽一步一步走进自己设下的陷阱。曹爽按照司马懿的剧本发展下去，直至走到绝境。

曹爽兴高采烈且不计后果地带着人马向前冲，殊不知背后站满了怒目而视的身影。这才是真正的盲目和短视！与其说曹爽败给了司马懿，不如说他败给了自己的欲望，而司马懿恰好洞察并利用了这个欲望而已。具体来说，司马懿的手腕有以下两点：

第一，抓住对手的漏洞。

曹爽在内的“新贵 F4”基本上不是二世祖就是性格有问题的文人书生，没有一个能成气候，反而因为一朝得势而现了原形，开始胡作非为。

年纪轻轻就站到权力高峰的曹爽并没有司马懿一步步爬上来的经历，作为一名坐火箭的“空降兵”，以及他皇室宗亲的身份，都让他缺失了奋斗的过程。这为他日后的失败埋下了伏笔。

司马懿用以退为进的方式放纵着这个“新贵 F4”团体，不真心阻拦，不卖力对抗，不出手指点误区，看起来充满逆来顺受味道的行为背后，隐藏的却是不动声色的推波助澜，并从中获利的事实。

当这个“新贵 F4”的胡作非为将所有人都得罪光之后，那些被得罪的人会自动自发地转到司马懿一边，主动拥戴他成为反曹的领袖，让司马懿毫不费力地获得了大量的同盟军。司马懿笑看对手的幼稚行径，然后毫不费力地坐收渔利。

对付对手有时候不需要亲自动手，只要抓住对手的漏洞，适时加以推波助澜，就可以让其内部出现矛盾或裂痕，从而达到不攻自破的效果，让对手一失足成千古恨。

第二，聚而歼之更加高效。

司马懿对付曹爽这件事，从一开始打的就是暗中进行的主意。在司马懿看来，他不出手不是示弱，而是希望一击即中，达到釜底抽薪的目的。

当对手不是一个人而是一个团体的时候，你不能够百分之百锁定每一个目标。而一旦出现漏网之鱼，就可能出现哪怕只有万分之一可能性的死灰复燃，这个时候再去灭火，远不如在第一次动手的时候就彻底消灭对方，这样更加稳妥和保险，也更加省力且高效。

有时候，胜利的天平开始向你倾斜的原因不在于你做了什么重要的事情，而是你因为没有做一些重要的事情。司马懿以静制动的做法，给了我们很多启示。

曹爽做得很多，同时也必然错得更多。他在得到一些铁杆支持者拥趸的同时，也错过了很多更好的选择。如果用数字举例比较的话，他得到的和失去的支持者数量大约是1:9的比例。也就是说，在得到一个同党的同时，他忽视并抛弃掉了另外九个人的支持。

而司马懿懂得让利，既达到自己的目的并获利，同时又可以让其他人也得到一定的好处。在这种你好、我好、大家好的氛围下，势必相处得其乐融融。形成口碑后，与曹爽背道而驰的这些人必然会站到曹爽的对立面。

除此之外，还有很多观望的“墙头草”，面对曹爽与司马懿的争斗，在开始的时候大多持着“坐山观虎斗”的心理，等待坐收渔利。他们不决定要投向哪一边，而是当确定哪一边对自己更有利之后再出头。一边是为了自己私利的曹爽,一边是有好处大家一起获利的司马懿,大多数人自然而然地选择站在司马懿这边,即使是那些墙头草也不再摇摆。

司马懿没有刻意去争夺那些人心,而是靠着曹爽得罪那些人的行为而白白坐收渔利,从这个角度来看,他才真正是那个坐山观虎斗并从中获利的渔翁,尽管他连鱼钩都没有下。

第八章 心算 不战而屈人之兵

人生是一场博弈的游戏。逞强斗勇永远不如斗智。

斗智不是耍小聪明，而是靠智慧和人生阅历作为获胜的资本，以抓住对方的把柄和漏洞作为攻击目标，务求一击即中。这正是《孙子兵法》中的不战而屈人之兵。

见招拆招的智慧

魏正始二年(公元 241 年)。

东吴以魏权不稳,趁乱偷袭魏国,派出多路人马同时出击,企图从中渔利。

孙权安排朱然攻樊城,诸葛瑾攻荆州,诸葛恪攻六安,全琮攻淮南。

面对东吴的四处放火,魏国有些慌乱。

新皇帝曹芳是指望不上的,一个未成年的孩子能有什么作为?

人们将目光放在两位辅政大臣身上。

司马懿很坚定地自请带兵出征。

曹爽则坚决持反对意见。

很快双方形成两个阵营,开始了唇枪舌剑的争论。

曹爽表示:"樊城易守难攻,当初关羽没这个本事,如今东吴的那

几个人也不行。他们久攻不下自然会退兵的。我们等着就好，出兵没有必要。”

司马懿辩论道：“边城受侵扰，我们却安坐庙堂，置之不理。这样会让边城地区的将士和百姓寒心，同时也会令其他不知情的老百姓惶恐不安。百姓是国家社稷的重中之重，人心惶惶，社稷不稳。”

曹爽被社稷这个大帽子压得哑口无言，显然他找不到可以反驳的话语，也不能让自己背上扰乱国家社稷的罪名，只得开绿灯，将军权授予司马懿，让他出征。

奔赴樊城的司马懿排兵布阵，没怎么费力就把吴将朱然赶跑了。论功行赏，司马懿又得到两个封地的赏赐。

过不多久，司马懿再一次上书，自请出战。

原来，东吴的诸葛恪总是扰边，显然有其他的图谋。司马懿打算除掉这个隐患。

不出意外，曹爽再一次出来阻止。他表示：“东吴摆明了是故意引诱我们自投罗网，一旦贸然进攻，他们的救援赶来就会让我们处于腹背受敌的局面。”

这一次，司马懿依旧不客气地反驳曹爽，他说：“首先，我攻城最基本的目的是赶跑他，吴军长于水战，如果他想要发挥长处，就要弃城登船，这样我的目的已经达到了。同时，不战而胜的我军也不会有任何损失。”

曹爽看到他人纷纷点头赞同，心中很不爽，但找不到司马懿话中的漏洞。

司马懿不理会气哼哼的曹爽，继续说：“其次，如果他不弃城，东吴的援军势必要弃船登岸来救援，这就相当于他在用自己的短处与我军的长处抗击，那么吃亏的一样是他，而不是我们。”

众人交头接耳,钦佩和赞同的目光越来越多,曹爽则越来越不爽。因为他依旧找不到任何可以反驳的理由。显然,他与司马懿论军事,好比小学生向教授下战书,除了一路丢脸到家,沾不到一点儿彩头。

司马懿再一次领兵出发,这一次他压根没有看到对手的影子。因为诸葛恪得知司马懿带兵前来的消息后,在第一时间烧毁物资,弃城而逃了。

曹爽与司马懿的辩论总是以失败告终。

司马懿并没有费太多口舌, 但是他的每句话都是一针见血,有效地打击曹爽的信心。不是司马懿太强大,实在是曹爽话中的漏洞太稀松。

简单地说,曹爽的漏洞就在于他毫无实战经验。虽然曹爽是大司马曹真的儿子,也算是将门之后。可惜,他作为官二代并没有吃过苦,也没有在沙场上流血流汗,只会纸上谈兵。

司马懿不一样,他在军界的地位是凭真本事挣来的。所以他底气很足,丰富的经验让他在军事问题上游刃有余,任何问题都难不倒他,心有余则态度从容,头脑冷静。

两个人的辩论,从一开始就是一边倒的态势,不是曹爽没有口才,而是司马懿总可以准确地抓住曹爽的漏洞,在集中攻击中,严重打击了曹爽的自信心,让他吃瘪哑火。

第一次辩论,司马懿用的是——转化重点。

司马懿没有被曹爽牵着鼻子走,继续讨论出兵时机问题,而是变换主题,跳出战况的圈子,转而讨论国家社稷。转换重点,一击即中,曹爽不接招就会让自己成为国家罪人,接招就必须认同司马懿的话。司马懿只一招,就置敌于死地。

第二次辩论，司马懿用的是——借力打力。

曹爽的话虽然是纸上谈兵，但也可以唬人。司马懿这次没有转换重点，而是抓住曹爽话中的漏洞，逐一攻破，彻底占据上风。

你说对方等着我们自投罗网？我告诉你，这不叫自投罗网，这叫落井下石和釜底抽薪。你担心的，我早就有对策，且是只赢不输的万全之策。

司马懿已经积累了丰富的作战经验，不论是水战还是陆战，进攻还是围困，速战速决还是消耗战，他都有自己的一套方法。而且，司马懿在实际作战的时候非常灵活，善于变化和组合，神机百变不亚于诸葛亮。除非水平相当，否则想在这方面驳倒他很困难。

曹爽班门弄斧，与司马懿讨论军事问题，从一开始就是个错误的决定。

人生是一场博弈的游戏。想要从中取胜，逞强斗勇永远不如斗智。

斗智不是耍小聪明，而是靠智慧和人生阅历作为获胜的资本，以抓住对方的把柄和漏洞作为攻击目标，务求一击即中。

某商城在网站上进行了一次凭积分换取优惠券的促销活动。消费者吴某积分达到了标准，却被告知不符合要求，不能获得优惠券。他气愤地打电话到网站投诉。接线员顾左右而言他，试图用车轱辘话模糊主题，最后干脆表示自己解决不了这个问题。

吴某不依不饶地表示自己已经将对话录音，如果不给他一个解释，他将投诉到消协。此举奏效。不一会儿，商城的销售经理主动打来电话，对吴某解释说因为他的积分有很大一部分是通过网上支付的方式积累的，而这次活动只有那些在实体店消费而累计的积分有效。

吴某没有因为这个理由而罢休，他表示自己已经对当时公布活动的网页进行了截图，经过再一次的核对，发现上面并没有注明这一点。

现在用这个理由搪塞他显然有欺诈的嫌疑。

对方虽然扔过来一个又一个的借口，企图为自己开脱，将这件事大事化小，小事化了。然而在吴某的穷追猛打下，商城迫于压力而妥协了，将加倍的优惠券赠送给吴某作为了结。

在现实世界，不可能什么事都一帆风顺，总会遇到各种挫折和麻烦。有些人出于个人的利益，制造各种障碍来阻挡你的行动。在你来我往的过程中，对方抛出难题希望以此打击你。接招的一方则需要化解难题以挽回局面，并有效地回应对方。

这时候，我们应该怎么办？首先需要保持冷静，仔细聆听对方的话语，从中找到漏洞，进而集中精力攻击对方的漏洞，使其迫于压力产生恐慌心理，而对你妥协。

“曲线救国”是门技术活

正始二年(公元 241 年)。司马懿出兵抗吴大获全胜。

获胜后,司马懿并没有急着回去,而是上报朝廷,淮南的芍陂被敌军破坏了,我要留下来抓一下恢复重建工作。

曹爽答允了。这个时候,他们作为曹魏的两座大山还没有撕破脸。但是,曹爽对司马懿的忌惮确是板上钉钉的。他巴不得司马懿离他远远的。

关于兴修水利,发展农田工作,司马懿已经非常熟悉了,从曹操时期开始他就负责过相关的工作,积累了很多的经验。再加上他善于用手边的资源,手下也有善于农事的得力助手,很快就将这一摊子工作做得有声有色,风生水起。

因为司马懿远在淮南,曹爽也趁机甩开膀子大干了起来。

不同于司马懿的专心农桑工作,曹爽的重点是培植亲信,铲除异己。一时间，洛阳城中怨声载道，朝中新老势力的交锋，曹爽以强硬的改革手段占到上风。每一个新人的上台，都是以一个老人的下台为前提。那些老臣渐渐被排挤出了政权中心位置，被边缘化。

士族阶层备受打击，他们的利益被曹爽一步步地蚕食着，抢夺去。

怨气隐忍着、矛盾积聚着、冲突累增着，众人的怒气随着曹爽日盛的得意而膨胀又膨胀，快要到爆发的边缘。

当然，这一切对于远在外的司马懿来说，似乎毫无干涉也毫无影响。

时间飞快地行走着，转眼过了两年。

正始四年(公元 243 年)。

司马懿再一次争取到兵权，前往淮北驱逐吴将诸葛恪。更加易如反掌的是，对手惧于司马懿的实力望风而逃，这一仗根本就没有打起来。

同样，司马懿再一次表示要留在这里继续兴修水利，发展农田。他的新借口与当初向曹操的建议一样，强调了屯粮对于战争的重要性。

很快，人们开始传说，司马懿成天和泥巴打交道，简直成老农了，哪儿还有太傅的样子。

司马懿完全不理会这样略带嘲讽的流言。他开始大刀阔斧在淮北修建了淮阳渠和百尺渠，在颍水南北广修坡塘，此举使得周边农田的灌溉面积达到了一万多顷。结果是，淮北地区粮仓积满，从寿阳到洛阳，一路上都设立了农官和军屯。

司马懿这一次的动作比较大，当曹爽党羽在夺权方面大有收获的时候，他们终于有闲暇关注一直务农的司马懿了。这一关注，有人察觉出不对劲了。这个人是曹爽手下的丁谧，也是一只小狐狸。

司马懿的举动恐怕没有发展农田这么简单。于是在正始五年正

月，曹爽借口：屯田的成绩已经不错了，派手下的文钦传旨，名为劳军，实则遣还。

司马懿带着满载的成绩和不舍回到了洛阳。他们的正面交锋从此开始了。

司马懿埋头屯田工作暗藏玄机。

洛阳城是曹爽的大本营，为了做大，为了将重要位置都据为己有，他找借口用自己人替换掉老臣。一时间，那些老臣如蒋济、钟毓、孙资等人都成了待宰的羔羊，一个接一个被驱逐出权力中心。

早就看出这一点的司马懿明白，一旦曹爽开始动手，作为元老的自己势必首当其冲，成为杀鸡儆猴的对象。既然暂时不能与曹爽公开决斗，为了避免不必要的损伤，司马懿选择远遁以避祸。所以他才会抓住出兵的机会，以屯田为借口留在当地。

既然不能够出手，又不能够被动挨打，最好的方式是避其锋芒。选择以退为进，用“曲线救国”的方式，乱中取胜。

曹爽的抢班夺权针对的是朝中老人，司马懿是代表，却在这一次大动荡中毫发无损，正是因为他远在淮北，看似是主动让位、放权，任凭曹爽瞎折腾，实际上却是以退为进的“曲线救国”。

当然，司马懿转而大抓屯田工作的目的也不单纯只是为了避祸。他要一箭双雕，利用这件事为自己积累潜在的资本。

俗话说“民以食为天”，这是事关国家社稷的大事，从古至今皆如此。司马懿的屯田成绩越好，他得到的拥护越多，毕竟对于老百姓来说，谁让自己吃饱肚子谁就是他眼中的“天”。

相比曹爽在洛阳瞎折腾，一个劲地大失人心，司马懿却在不断为自己赚取人心。一个追求双赢，一个为己夺利，高低立见分明。

一时的胜负并不能够决定最后的输赢。曹爽看似一直在获利，却将自己一步步推上了不归路，将众人变成了自己的敌人。司马懿看似一直徘徊在边缘，实际上却将自己的根扎得越来越深。既得人心，又可以暗中笼络那些失意于曹爽的老臣，让自己成为无冕的王者。这种不争之争，体现了司马懿老辣的城府与心机。

明修栈道，暗度陈仓。

洛阳城是曹爽的势力范围，司马懿势必无法插入，于是他退而求其次，选择发展外围这个更广阔的天地。他设置了无数的粮仓，设立了许多农官，以及布置一个个军屯，无疑是在用"农村包围城市"的手段，多点开花，由点及面，一点点地在外部壮大自己的势力。这些人都是他隐形的资本，充足又有效。甚至在日后与曹爽动手的时候，会起到很大的作用。

曹爽手下的丁谧识破了司马懿的心思，于是曹爽才会假传旨意召回司马懿，不让他再做下去。史书有一句："遣文钦令还淮南，皆谧之计。司马宣王由是特深恨之。"说的就是这件事，心机被识破当然会令人不快。

如果你在工作中被排挤了，怎么办？

许海是一名设计总监。他很有才华，却因为我行我素的艺术家气质在工作中大吃苦头。因为得罪了同僚，被人在上级那里黑了一次又一次，以至于上级对他的印象也渐渐变得很差。

本该由他负责的大项目却无端被上级转给他人去做，他成了为人作嫁衣裳。自己却每天深陷许多繁琐又无功可捞的小项目中，忙于救火和善后，做着本该是下属和同僚负责的事情。忍受不了的许海，最后一气之下辞职了。

生活中这样的人很多，被排挤多半是因为你很优秀，而排挤你的人多半都是平庸之辈，出于羡慕嫉妒恨的心态而做出来的小动作。

但是，虽然说“木秀于林，风必摧之”，但也并不是绝对的事情。不会做人，没有眼力，不懂得表现自己，不懂得双赢与主动让利，这才是遭到排挤的主因。

被排挤这件事很常见，但并不是谁都可以处理好，可以化险为夷。

这里给出两个招数，以供参考。

第一招：主动出击

被动挨打的一方不一定是势弱的一方，而是心有顾虑，或不知道从哪里下手。这时候不妨主动出击，化解危机。

如案例中的许海，不如直接到上级那里以辞职为借口进行谈判。如果对方舍不得他的能力，那么就有谈判的资本。一方面，推心置腹地表达自己想要为企业发展做贡献的态度，趁势要求更高的管理权，以压服众人；另一方面，表示自己遇到“团队合作受阻”的问题，借对方的手去敲打众人。

第二招：找到强势支撑

支撑不等于潜规则，当你遭到排挤的时候，多半原因是你势单力孤，让众人感觉好欺负。找一个有力的支撑就是俗话说的借势。如果你想要有进一步的发展，除了培养自己的实力外，有一个有力的支撑也是必要的事情，这样才可以进一步扩大自己的生存空间。

当然，找强势支撑不意味着你要屈膝折腰，只要能够勇敢出击，抓住时机在上级面前表现出你的价值，让他在欣赏之余给予你更多的资源，自然可以从被排挤的状态中抽身出来，何乐而不为呢？

人生如谈判，该漫天要价时绝不含糊

魏正始五年(公元244年)。

这年春天的某一天，司马懿家来了一位稀客。

稀客叫曹爽，是目前曹氏集团的一把手。

无事不登三宝殿，作为当前司马懿最大的政敌，处处与他作对的头号人物，曹爽的到来自然有他的目的。曹爽来找司马懿谈判，谈判的主题，表面是曹爽讨要司马懿的儿子司马昭，本质则是他讨要司马懿手中的军中实际指挥权。

谈判第一轮：曹爽提要求，司马懿拒绝。

曹爽强势地开门见山地提出要求：他要带上司马昭一起伐蜀，然后等着司马懿开条件。

司马懿在猜曹爽的真实想法，他用“以退为进”的方式实事求是地指出：司马昭能力不足，经验不够，难堪重任。

谈判第二轮：曹爽开高价利诱，司马懿见招拆招试探底线。

曹爽表示：令郎人中龙凤，作为将门虎子，实力弱不了。这次伐蜀我打算任命他为征蜀将军，作征西将军夏侯玄的副将。言外之意：里子面子我都给你了。也表明他非要带走司马昭不可。

司马懿表示：夏侯玄不是掌管禁军吗？他跟你去打仗，中护军岂不是空了？

曹爽的“我打算……”没有说完，司马懿继续开了口。

既然将军好心带我家老二同行，我也不能不识抬举。老二，你带走。洛阳诸事有我，军资供应不成问题。对了，话说我家老大也闲散很长时间了，左右是历练，他也该找些事情做。你看，让他在这段时间暂代中护军如何？

精明的司马懿知道，司马昭的能力不足以担任曹爽给的职务。他能够开出这个价码，基于等价交换原则，可见司马昭不过是个幌子，曹爽必然另有所图。于是，司马懿狮子大张口，以漫天叫价的方式，用司马师做引子，进行第二次试探。

谈判第三轮：司马懿火上添油，曹爽割肉松口。

曹爽在犹豫，中护军是禁军，是自己在洛阳城唯一依仗的势力。

看着曹爽天人交战的表情，司马懿发现曹爽图谋的事情可能与中护军不相上下，他思索中猜到了答案。

曹爽不会说出来，司马懿却要诈一诈他。于是，司马懿说道：

“将军此行打算带多少人马？大约要用到关中军吧？对了，说起来，我还曾经带过这个队伍呢。这支队伍实力不弱，里面的谁谁谁都挺能打的。呵呵，不用担心，我回头写封信敲打他们一下，这一次一定要奋勇杀敌为国立功啊。”

说完，司马懿不动声色地观察着曹爽的表情，当看到曹爽在沉默中咬牙点头的时候,他知道自己抓到制约对手的软肋了。

不久,曹爽带着浩浩荡荡的大军出发了。

我送你离开,千里之外,你无声黑白。

作为送行团一员,司马懿站在城楼上遥望着马背上渐渐变成黑点的儿子司马昭。在他的身旁站立的是已经换上中护军将袍的司马师。他轻捻细髯,谋算八九,只剩执行。他开始遥想来日曹爽吃瘪带军还朝的情景。

终究,曹爽还是太嫩了。不知不觉中已经掉入司马懿为他精心设的连环局。

谈判的故事告一段落。后面的谋算故事更加精彩。

有时候,人生就如谈判,该漫天要价的时候一定不能含糊。

洛阳城是曹爽的大本营,禁军是曹家的私有物。面对这个公开的不争事实,司马懿的叫价纯属虎口拔牙,显然既不合情合理又不符合他一贯低调的作风。司马懿对曹爽漫天要价的目的在于用试探的方式摸透曹爽的心思。

曹爽的心思不难猜,他想从司马懿那里要到两个保证。

第一个保证——司马懿不在自己走后趁火打劫。

曹爽担心司马懿在自己伐蜀的时候趁火打劫。打仗需要源源不断的后方补给,如果司马懿做手脚掐断了补给线,自己远在蜀道,鞭长莫及。

第二个保证——不操控关中军,拖他的后腿。

关中军背后的隐形老大正是司马懿,那里有很多司马懿的亲信下属。曹爽知道如果司马懿从中作梗,自己是管不住这些兵油子的。如果他们消极怠工,自己伐蜀前景堪忧。

司马懿在与曹爽的谈判中试探出了他的底线，才使得他即便是漫天要价也可以谈判成功，且为他下一步继续谋算曹爽埋下伏笔。

曹爽在谈判中败下阵来的最主要原因则是他有求于人，只能被司马懿牵着鼻子走。

一般来说，谈判有很多种，其中使用较多的是竞争型谈判。上面司马懿的故事就是一个典型的竞争型谈判。

竞争型谈判的取胜要素只有四个字，即“针锋相对”。

竞争型谈判不同于出于合作和双赢的目的而进行的谈判。因为两个利益方之间已经是竞争关系，且谈判的目的在于从对方手中获利，所以唯有彻底击败对手才算谈判成功。

为了击败对手，双方势必会在谈判伊始就进入攻击状态。在互相出招中见招拆招，针锋相对是必然，也是双方的共同选择。

在同样的招数下取胜的关键，在于要抓住两个关键点——

第一，掌握主动权。

掌握主动权，即抢占先机、先声夺人。谈判是一场没有硝烟的争斗。两强相遇，得先机者握主动权，得主动权者可以左右谈判的局势。

第二，坚定自己的信心，重挫对手的信心。

成功需要自信心作为内在支持。如果连自己都怀疑，又怎么有底气在谈判中压住对手呢？所以，在谈判中要始终坚定地相信自己。

在竞争型谈判中用针锋相对的方式重挫对手的信心，具体的做法就是：从对方提出方案之初开始一律持否定态度。不合作、不接受，不给对方任何可乘之机。不断指出对手方案中的漏洞，步步紧逼。用心理压迫的方式使对方怀疑自己的方案，进而失去信心。这个时候，再就势加码，攻城略地，从对方手中获取最大利益。

借力高手，远在千里之外也能成事

魏正始五年(公元244年)。

曹爽野心勃勃，为了建功扬名，带领十万大军伐蜀。

天真的“小白兔”曹爽蹦蹦跳跳上路了。

一切按部就班地进行着。第一个下绊子的人是先锋将军郭淮。

作为司马懿的老下属，接到密令的郭淮，作为曹爽指派的先锋，一马当先打响了“反曹”的第一炮。郭淮抵达之后，看到了蜀将王平为了疑兵而在山间遍插的军旗。他故意上当，带兵原路返回并向曹爽报告了这个“惊人”的消息。

尽管曹爽半信半疑，但是没有作战经验的他在亲眼看到漫山遍野的军旗后也无计可施，只能原地扎营，继续观望。

第二个下绊子的人是司马昭。

作为夏侯玄副手的他，抓住王平夜袭自己营地的时机，一方面按

兵不动，不与蜀军交手；另一方面，派人将消息以夸大其词的方式报告给夏侯玄，受惊的夏侯玄转头报告给了曹爽。

本就坐立不安的曹爽，遭遇雪上加霜的局面。

还没有等曹爽找到有效的对应之策，后方又出乱子了。下属来报，由于蜀道艰险，后勤供给出现问题，如今的粮食支撑时日无多，如果补给不及时，麻烦大了。心急火燎的曹爽立刻给洛阳写信，要求增派军事力量。

然而，他等到的回复给了他第三下重击。

朝中的钟毓回信给曹爽，中心思想言简意赅地说：要兵没有，赶紧回家。

曹爽咬牙跺脚，愤恨骂娘，但也无济于事。

这时候，第四块板砖被参军杨伟拿了起来。

在私下与司马昭“审时度势”地交流之后，他也看出曹爽不是块能打仗、会打仗的料。他趁机站了出来，充分发挥自己献策的本职，语重心长地劝谏曹爽撤军。

杨伟对曹爽说：“赶紧回家吧，不然就要失败。你看，当前形势是这样的，1……2……3……”

这时候的曹爽已经进退维谷，坐立不安，如同惊弓之鸟，只要适时地再压上一根稻草，他的心理防线就要垮了。

此时，第五个重击来了。

这根稻草是司马懿亲手加上去的。使用的方式是私信，收信人是夏侯玄，一个耳根子软，同时胆子也很小的家伙。当然，司马懿恐吓的不是夏侯玄，所以这封信不出意外地来到曹爽手上。

司马懿的话是这样的——

当年曹操几次攻打蜀国都没有成功，这段历史作为侄孙的你一定是知道的。现如今这局面,基本上胜面很小。打不赢的同时,如果被对方打败,就算有十万大军,也很可能全军覆没。这个责任,小曹,你担负得起吗?

全军覆没确实有些夸张,但是已经草木皆兵的曹爽和夏侯玄已经慌了、怕了、蒙了。司马懿给了一个台阶:你们的爷爷曹操这么牛都赢不了西蜀,所以,别磨叽了,回来吧。

曹爽的耳朵里全部是“撤军”的声音,他心有不甘又无可奈何地脚一跺,手一扬,对传令兵说:收兵!拔营!回家!

这一出由曹爽策划出来的闹剧,在半途被司马懿改成了肥皂剧,最终被魏国老百姓传唱成喜剧。

司马懿不愧是借力高手,远在千里之外也能靠借力成事!

司马懿与曹爽注定是要一决输赢的。在还没有十足把握硬碰硬前,他一方面用明哲保身的方式尽量减少自己的损失,另一方面则用拉拢第三方和暗中挖坑的方式屡次三番地给曹爽树敌、下绊子。

曹爽伐蜀,最不希望成功的人正是司马懿,他当然要有所行动。但是这件事司马懿不能明着做,以防止他秋后算账,借题发挥地打击报复。

于是,司马懿采用了借力的方式,迂回地搅黄了曹爽的美梦。

这样做的好处有两个——

第一,不留把柄。

在成功搅黄曹爽的美梦后,曹爽虽然怀疑,却抓不到司马懿出手的真凭实据。毕竟最后的决定是他自己下的,之前的参与者除了最后一封“言辞恳切”的信之外,司马懿将自己撇得干干净净,毫无把柄给对手。

第二，拉他人下水。

一旦第三方被拉下水，就不能再作壁上观或选择当墙头草。

而一旦第三方与曹爽也成为公开的对立面，代表自己的阵营就又多了一个盟友。不管这个盟友是主动加入还是无奈加入，从此都不能不帮助司马懿。

司马懿借力后集中力量攻击曹爽的小辫子。

司马懿能够成功地搅黄曹爽此次伐蜀行动，最主要的原因是他准确地找到了曹爽的弱点，并集中力量攻击这些弱点。简单地说，曹爽的弱点在于他有三大隐患。

隐患一：新兵蛋子太多

曹爽伐蜀的指挥集团基本上是由一群新兵蛋子构成。只会纸上谈兵，毫无实战经验。其成员从曹爽开始，包括夏侯玄、邓飏、李胜等人。带着想赢怕输的心态出征，一遇到挫折，乱了阵脚，心浮气躁，不知所措。

隐患二：卧底很重要

司马昭是司马懿安插在曹爽身侧的炸弹手，他按照指示一个一个地引爆了曹爽的不安因素，再加上司马懿千里之外拉帮结派地敲边鼓地配合，以及蜀军的顽强抵抗，里应外合下彻底地击垮了曹爽本就脆弱的心理防线。

隐患三：指挥权错位

曹爽此刻面临的情景与当初司马懿初掌军权攻打诸葛亮的时候很相似——只有实名没有实权，手下的人并不服曹爽的指挥。于是，作为十万大军的主帅这把交椅，曹爽感到屁股下冒尖的钉子太多，他坐得并不安稳。尤其是其中还隐藏了很多司马懿的势力，更是让他防不胜防。

于是，司马懿就这样在预见到曹爽这个新兵在战场上会出现的心理隐患后，有针对性地找到对应的挖坑人，借他们的手让曹爽摔得一次重过一次，直到他最后摔得七荤八素，晕头转向，最后，正如司马懿预料的那样慌里慌张、丢人现眼地败退回到洛阳。

从司马懿的借力故事中，我们可以获得如下启示：

第一，为什么舆论能影响他人做判断？

1.众口铄金，掀起舆论浪潮

所谓“众口铄金”，指的是随声附和的人越来越多，黑的就有可能被说成是白的。

舆论的力量一旦被放大，当唱反调已经成为大势，就可以颠倒是非，左右判断。所以，要想利用舆论影响他人的判断，需要制造一种压迫氛围。这种氛围不但要来自外部，也要来自内部，唯有内外交加的方式才更有效果，也更容易让一个人崩溃。

2.三人成虎，反复攻击才有效

《韩非子》中有一个“三人成虎”的故事，喻示的是谣言反复传播会使人信以为真。一个人说不足以动摇他人的理性判断，会怀疑是因为在不同的人口中听到了一样的声音。当这些声音以同样的频率反复地敲击大脑，思维上就会形成短暂盲点，失去判断的理智，不由自主地被催眠，下意识地听从这种声音。

第二，如何利用舆论影响他人做判断？

1.人多力量大，多找同盟军

一个人的力量是有限的。所谓人多力量大，不论是三人成虎还是众口铄金，都需要团队的力量，而非一人之功。

想要达到好的效果，选择同盟军一样至关重要。尤其是想要影响对手的时候，更需要谨慎选择敲边鼓的人。因为“唱反调，敲边鼓”这件事不是个适合反复消费的东西，一旦打草惊蛇，让对手产生警惕的话，就很难再有第二次机会了。

2.敲边鼓，身边人最管用

不管是谁，都对陌生人存有戒心，更遑论对手了。要想成功地敲边鼓，就必须找到能让目标人物完全信赖的人，或者找那些表面看来是保持中立态度的人。而绝对不要直接用自己人，就算要用也要间接地使用。

不战而胜的激将法

魏正始七年(公元 246 年)。

与刚刚上位时候相比,曹爽老到了许多,也改变了很多。他越来越看司马懿不顺眼了。他知道两年前自己伐蜀失败背后少不了司马懿的小动作,偏偏他找不到出手罢黜他的理由。

当然,抓不到把柄不代表他不能够针对司马懿。所以,正始六年他改变旧制, 将原本隶属于中护军的中垒营和中坚营编制并入中领军。此举摆明了是针对司马懿来的,因为彼时任中护军的正是司马懿的大儿子司马师。而中领军则由曹爽的亲弟弟曹羲统领。

对于这个开战的信号,司马懿心中有数。他曾经出面阻止,理由是:这是先帝旧制,不可以更改。结果被曹爽当作耳旁风,不予理睬。

曹爽很烦司马懿,基本上,只要是司马懿赞同的他都无条件反对,司马懿反对的他反而无条件赞同。凭着自己的性子做事的曹爽,就这

样一点点掉入司马懿的陷阱中，向着孤家寡人的方向发展着。

这一年的正月，也就是开春的时候，东吴派军队进犯魏国的柤中。听到消息后，柤中周边的上万户百姓为了避祸渡过沔水到北岸避难。

这本来是一件很平常的事情。获悉之后，司马懿上报朝廷后准备安排人手安置这批流民。

习惯唱反调的曹爽不干了，心气不顺的他跑来插手干预，准备借题发挥。

已经预想到了曹爽反应的司马懿不动声色地表示："沔南靠近吴军，如果不收留这批百姓，他们回到那边无异于羊入虎口。我认为应该让他们暂且留在这边。再说，《兵书》说……"

一提到具体的军事问题，曹爽想起之前关于攻吴的两次辩论自己败下阵的回忆。

曹爽表示："这件事归根到底是因为太傅你没有在沔南做好防御工作，才导致流民的产生。如今安置这批人不是长久之计啊。"

来找茬了？司马懿听出画外音，好啊，这是你自己找上门的，我就陪你玩玩！可不要后悔！

他当即表示："你这话就不对了。珍贵的东西都要放在安全的地方，哪有置之不理放在危险地方的道理？"

凭什么总让你做好人？曹爽很不爽，你越赞同的我越要破坏。

司马懿看着曹爽越来越黑的脸，反问道："那曹大人要怎样处理呢？愿闻其详。"

曹爽毫不在乎地手一挥，表示："我不同意这件事。总之，让他们从哪儿来回哪儿去吧。其他，不做考虑。"

司马懿也不争辩，送走曹爽，转身派人去处理这件事。特别叮嘱下属道："记着，一定要告诉这数万流民，不是我不保他们，是曹大人下令了,大家一律就地返回,不许逗留。”

曹爽欺人太甚!我诅咒你不得好死!

流民哗然了。在一片问候曹爽祖宗八辈的声讨中,大家无可奈何地返回沔南。

后面的事情基本上与司马懿设想的一样,东吴攻破柤中后不费力气地劫走了万余户百姓。

为什么司马懿要激将曹爽?

激将法在三国中屡见不鲜。赤壁之战前,诸葛亮在东吴大殿上舌战群儒,以一张巧舌如簧的利嘴,歪曲曹操《铜雀台赋》中“揽二乔”的词句,成功激怒周瑜,顺利达成吴蜀联盟。

司马懿也是使用激将法的高手。对付曹爽,简直手到擒来,太容易了。

首先,他在曹爽当初废除中坚营、中垒营这件事的时候就强烈反对,再往前说,在曹爽伐蜀的时候,他也是强烈反对。这似乎形成了一个惯性,让曹爽认为:凡是我要做的事你都反对是吧?行,以后你要做的事别怪我也从中作梗!

于是,在司马懿一次次火上添油的反对事件后,曹爽爆发了。

他在反对司马懿的同时,丝毫不将这些百姓放在心上,虽然人数是不算多,但是有句话叫“千里之堤,毁于蚁穴”,民心是分散的,得来不易,失去很快。还有句话叫“冰冻三尺,非一日之寒”,事情的发展都有一个积累的过程,在曹爽一点点地侵蚀权力的时候,他已经失去了朝中大批同僚的支持。在一次次的逆行倒施中,又失去了越来越多的民心。

民为重,社稷次之,君为轻,短视又愚蠢的曹爽将自己送上孤家寡

人之路，就要迎来众叛亲离的日子了。

曹爽摆明了与司马懿唱反调，那么他对于司马懿必然会心存警惕，不会轻易上当。

司马懿想要成功激将对手，也不是一件容易的事情。

首先，他不能打草惊蛇。

曹爽不会傻傻地站着等司马懿来对付自己。司马懿知道，如果出手后没有达到效果，反而会打草惊蛇，让对手提高警惕，对自己不利。

其次，对付曹爽最有效的是心理战。

司马懿善于打心理战，也喜欢省力地借刀杀人。凡是可以利用的机会，他绝对不会放过。对付诸葛亮是这样，对付曹爽也一样。

曹爽并不是一个心机深沉的人，他得到的权力越大，人也变得越来越自大。这正是司马懿想要达到的效果。一旦开始自大就会变得目中无人，从而犯错得罪人。

司马懿抓住曹爽自大的心理，故意用唱反调的方式，以激将法让曹爽上当，让他在不知不觉中进入瓮中，自断后路。

三人行必有我师，三人行也必然会有争斗。争斗有可能是明刀明枪的拼杀，也有可能是不动声色的暗流涌动。

有甲、乙、丙三个实习生为一个录取名额而展开竞争。甲对乙说："我昨天无意听到丙和经理谈话，他好像在打你的小报告，说你完成的那个项目有抄袭的嫌疑。我觉得这件事有必要让你知道，虽然大家在竞争，但也不应该耍手段。"

乙与丙平日的关系就很差，加上仗着自己的高学历一向很自负，瞧不起丙平日里那些拍马屁的小人行为。听信了甲的话的乙，怒气冲冲地找丙质询，二人的怨气一股脑儿爆发出来，情绪失控中互揭老底并厮打起来。声响惊动了经理，恼怒中开除了他们。甲顺利得到了这个录用名额。

激将法的成功实施利用的是人的逆反心理，旨在使其因为失去理智而冲动犯错。越是自尊心强的人越会上激将法的当。当然，我们不提倡把激将法用在不正当的目的上。

一般来说，激将法的注意事项如下：

第一，注意分寸。

首先，激将法是“急火快炒”，而不是“小火慢炖”。慢慢悠悠的攻击就不是激将法而是摇篮曲了。当然，欲速则不达，出招也不能太急，否则当心夹生饭让你消化不良。

其次，未达目的别停手，否则功亏一篑；达到目的要及时收手，以免产生反效果。激将法如同烧开水，一定要到达沸点水才会开。但是水已经开了还要继续烧，结果只会是把水烧干，把壶烧穿。

第二，择人而用。

激将法如同催眠术一样，并不是对任何人都有效果。一般来说，有三种人比较容易中招，分别是：第一，心理不成熟的、容易冲动的人；第二，急于做成某些事情以证明自己能力的人；第三，好面子、自尊心强的人。

第三，出手隐蔽。

激将法作为一种心理骗术，既然要骗人，就不能让对方识破。太刻意地使用显得生硬且做作，很容易被曝光。更有甚者，被对手将计就计，反过来设计你。

第四，语言为主。

激将法的手段在于激发对方的斗志、决心或兴趣，主要的利用工具是嘴。不一定要铁齿铜牙，不一定要高声厉喝，有时候温柔一刀更有效果。

另外，还需要注意的是，语言的使用不要过于低俗粗鄙，也不要进行人身攻击或翻旧账揭老底，以免对方恼羞成怒，把激将变成了斗牛。

第九章 隐忍 韬光养晦是门必修课

聪明外露不一定是一件好事情。所谓枪打出头鸟，你的聪明不是谁都欣赏。与其因为自己过于张扬的行为而招致灾祸，适当地装愚露拙，未尝不是一个好的方法。

“以退为进”的策略

司马懿察觉到曹爽这小子不是善茬之后，就将最初的和平共处政策进行了180度大调整。表面上还是和睦的样子，实际上双方已经开始了蓄势待发的争斗。

静水深流，表面上的平静掩饰了底下的波涛汹涌。不同于曹爽的明面上的争抢，司马懿的动作都是私下的，非公开的。

司马懿用以退为进的方式对付曹爽，从这一点来说，他不愧是一个牛人，不但可以对敌人狠，也可以对自己狠。从头至尾，他处处忍让曹爽，不惜让自己的利益受损，甚至甘冒生命之忧，硬是咬牙忍耐着绝不在时机不到的时候正面还击。终于，他的这种近乎自虐的行为让曹爽上当，产生了一种自己与司马懿的争斗，对方已经老了，正在渐渐失势的假象。

两强相斗时，最大的忌讳就是轻敌，曹爽这个错犯得一塌糊涂，为日后的败落埋下伏笔。

当然，司马懿不是不争，而是适时地用“争”作为鱼钩，诱骗曹爽不断上当。

果然，曹爽在司马懿处处吃瘪的局面下越来越狂妄。直至正始八年，他听从手下丁谧的建议，强制将郭太后迁移到永宁宫，监管起来。因为他要一人独大，要控制曹芳，专擅朝政。

司马懿不出意外地站出来指责，可惜在曹爽看来，他的声音越来越弱，一声冷笑和一个白眼，是他的回答。

至此，两个人正式决裂了。

曹爽的气焰越来越高，他的野心不断膨胀，伴随着民怨沸腾，和越来越多的倒行逆施，朝堂基本上成了他的一言堂，禁军全在他的手中，朝中遍布他的亲信党羽，时不时兴之所至就改几条制度，让自己更加称心如意。

“快了，出手的时机就快到了。”司马懿暗道。

这一年，司马懿的夫人病逝。

借这个机会，司马懿干脆称病躲在家中，不参与朝政，开始了病休的生活。

从这一刻开始，曹爽可以笑的时间所剩不多了。

只是他还没有察觉。

史书说：“曹爽用何晏、邓扬、丁谧之谋，迁太后于永宁宫，专擅朝政，兄弟并典禁兵，多树亲党，屡改制度。帝不能禁，于是与爽有隙。”

司马懿“以退为进”的策略开始实行了！

从这一刻开始，即在唱反调唱到最高潮的时候，司马懿忽然偃旗息鼓了。

装病？不那么简单。

曹爽敢出手强迁太后，说明他已经不在乎他人的看法，已经彻底暴露了他的野心。司马懿一直等待出手的时机，在舆论方面基本上已经成熟了。接下来他要做的就是周密筹划，寻找可以一击即中除掉曹爽的下手时机。

他装病的目的，一个是令曹爽放松警惕，认为自己已经不足畏惧。同时，借机为自己动手争取准备时间。这是一件不容有失的行动，他必须做好周密的计划。

当时，洛阳的禁军已经全部控制在曹爽手中，这是司马懿最忌惮的地方。出于一贯先明哲保身然后再后发制人的手法，司马懿势必不能够让自己在还没有动手的时候，被曹爽用武力如同算计郭太后一样算计了自己。

司马懿当然不会让自己置于险境。没有可以外出避祸的借口，他干脆兵行险招，先发制人来一个病休，主动退出战局，让对手麻痹，之后在暗中伺机出招。不得不说，称病不理朝政，这是最尿的方式，却也是对付曹爽这样自大的人最有效的方式。

放眼魏国，唯一可以与曹爽抗衡的，大约只剩下司马懿了。这件事，曹爽知道，司马懿知道，大家都知道。除了两个阵营的人，大家也在看着接下来他们会怎么斗。

曹爽党羽中也有聪明人，自始至终拿着放大镜盯紧司马懿，期冀抓住可以对付他的把柄。

曹爽知道没有合理的借口不能轻易对付司马懿，问题是他始终抓不到司马懿的把柄，无论是做人还是做事，有业绩，有口碑，有礼节，有民心，桩桩件件都让他感到掣肘。

这也是其他人都被曹爽算计，而司马懿始终屹立不倒的一个重要原因。

为什么我总是不被升职？为什么我这么努力工作，年终奖还没有那个人多？为什么我卖力工作，到头来却不被上级待见？……这样的抱怨，相信一定有不少人曾经郁闷地说过。

事实上，想要生存得好，还真不是只要做得好就可以达到的，真是令人不屑又无可奈何，这就是现实。一些必要的处世哲学可以帮助你活得更好。然而，这种处世哲学需要吃亏才能学到。当然，也有很多即便吃了大亏依然学不会的人。

下面让我们来说说“示弱”这件事。

示弱，也可以说是以退为进。当大局不利于自己的时候，硬扛着的人先称称自己的斤两，看看自己能不能扛得住？否则，就不要盲目地做螳臂挡车的傻事。

一位成功人士讲述过这样一个故事：在当上副总经理之后，他一度意气风发志得意满，一次拜访客户让他学到了一个铭记一生的处世哲学。与往常一样挺胸昂首迈步想要走进房间的他，额头重重地撞在门框上。要说他的个子有 178 厘米，不算很高。问题出在门框的高度上，因为这个房门被主人刻意设计低了。揉着发红的额头，弯腰进门后，他一眼看到了对面墙上挂着一幅字：“世事无常，当低头时需低头。”此处无声胜有声，不用多言，他读出了个中奥秘。

太执着去争抢，未必可以让自己得到多大的利益，反而可能在争抢的过程中失去更多潜在的利益，得罪了本不该得罪的人，甚至让对方为你制造出更多的阻碍。

所以真正聪明的人，都信奉一个道理——忍，不争之争。

第一，你也许很优秀，但优秀的人并非你一个；你也许很牛，但人外有人。

第二，人无完人，你表现得越多，反过来说，可能犯错更多。而人的记忆点很有意思，往往九件好事抵不上一件坏事让人记忆深刻。不经意的错误会成为毁坏千里之堤的蚁穴。

“老虎装病猫”的艺术

魏正始八年(公元247年)。

司马懿的老伴儿病逝了。他借机两手一摊,对儿子表示:老子要开始装病了!

装病的理由之所以好用,在于此时的司马懿已经69岁高龄了。一辈子南征北战,总会落下一些病根吧。何况自己早年不是宣称得过风痹吗?老根儿去不掉啊!

司马懿装病很突然,至少是出乎曹爽意料的。所以,他心有怀疑,非常怀疑。

史书记载:“爽、晏谓帝疾笃,遂有无君之心,与当密谋,图危社稷,期有日矣。帝亦潜为之备,爽之徒属亦颇疑帝。”

既然称病也不足以骗过曹爽,干脆来一招釜底抽薪的演出好了。

在得知曹爽的幕僚之一李胜前来探病的时候,司马懿立刻进入

“老病”状态。

李胜在仆人引路下走入会客厅。他左等右等,几乎等得不耐烦的时候,就看到一个孱弱无力得需要两个丫鬟搀扶才可以行走的老头儿颤颤巍巍被架了出来。他正是太傅司马懿。

李胜很惊讶,显然并没有预料到司马懿会病得如此严重。

李胜说:“老太傅,你要保重身体啊!”

司马懿的回答:“我老了,不中用了,眼看着只剩下出气的份儿了,活一天少一天了。看在咱们过去交情的分儿上,我可要把两个儿子托付给你了。帮我照应一下,给他们口饭吃,饿不死就可以了(年老枕疾,死在旦夕。君当屈并州,并州近胡,善为之备。恐不复相见,以子师、昭兄弟为托)。”

说话间,到了饭口。

李胜一口饭还没有吃到嘴里,就看到司马懿在仆人的照料下张嘴含住调羹,然而一口粥没有咽下去,反而顺着敞开的嘴角流淌到衣服上。

我的天!

李胜一顿饭吃得食不下咽。不断地观察,让他得出一个结论,看来这次他真的病得不轻。

是不轻啊!

饭后,二人继续聊天。李胜表示,自己要动身前往荆州,临行前来问问太傅有没有要交办的事情。

“并州?”

司马懿张开有些混浊的眼睛,看着李胜露出疑惑的表情。

“我去的不是并州,是荆州。”

司马懿不理李胜的话,又说:“我老了脑袋也糊涂了,不太明白你说的话。你要去并州？好啊！好好干，建功立业啊！”

曾经何等风光无限、高高在上的人，比对眼前这个苟延残喘、风烛残年的老人，李胜显然一时无法画等号。他唏嘘离开，将看到的情状一五一十地报告给曹爽。

李胜的报告是这样的——

司马懿已经出气多进气少了，病成老糊涂了，不足畏惧。唉，他曾经是多么牛的一个人啊！（司马公尸居余气，形神已离，不足虑矣。太傅不可复济，令人怆然。）

曹爽基本相信了，然后开始放松对司马懿的警惕之心，少了司马懿的牵制他更加胡作非为起来。

送走探子的司马懿恢复了精明的样子，转头继续谋划自己的反击战术了。

大智若愚，装傻是一种智慧。

司马懿的第三代曹老板死了，接任的第四代曹老板却是一个乳臭未干的黄口小儿。但是，这不代表司马懿可以放心地一人独大了，因为曹叡临死之前为他斥重金打造了一个亮闪闪的对手——曹爽。

曹爽这小子与曹叡是打小玩到大的发小儿，是铁哥们儿，也是老曹家根正苗红的继承人之一。他的老爹是曹真，曾经的大司马，曹叡执政初期的军界二把手。

曹爽的上位代表了司马懿依旧还要低调做人做事，而他的表现也确实很完美地体现了这一点。但是这并不是曹爽之流所乐见的，抓不到司马懿的把柄就没有办法扳倒他。无法扳倒司马懿，对曹爽乃至整个曹氏集团而言始终是一个威胁，一个不知道什么时候就会引爆的定时炸弹。

无论司马懿再怎么表示自己没有野心，对方也根本不相信，认为他说出的每一个字都是废话。而行差踏错的危险同样笼罩在司马懿的头上。

司马懿装病不是因为对于曹爽的小动作不烦其扰，而是他要出手了，在这之前他要保证两件事。第一，没有干扰的谋划；第二，让对手放松警惕。

关于装病这件事，司马懿用实际行动告诉我们怎么样才可以装得像。没错，只要放下自尊心。如果你敢于让自己装傻充愣，装痴呆，装无能，装脏扮丑，基本上是马到成功的。君不见，在很多小说和电视剧中常用的蒙混过关的招数就是装病，且装的是那些又丑又脏令人恶心呕吐而退避三舍的病，比如麻风，比如瘟疫，比如传染病，等等。

毫无疑问，司马懿是一个非常合格的好演员。

对于装傻这件事，并不是只有中国人擅长，几乎全球聪明人都是心照不宣的。下面请让我们一起看个案例：

美国前总统哈里逊小时候是一个内向害羞的孩子，大家认为他是傻瓜经常取笑他。无聊的时候，人们会在地上扔一枚五分和一角的硬币让他捡。哈里逊每一次都捡五分的，惹得大家哄堂大笑。一位老妇人偷偷告诉他下一次记得选一角的硬币。哈里逊道谢之后回答说："我知道的，但是如果我捡了一角的，下一次他们就不再玩扔钱给我的把戏了。"

在别人的眼中，哈里逊是一个不知道钱币价值的傻瓜，殊不知他在无伤大雅的笑闹中轻而易举地不断积攒了很多的硬币。究竟是被嘲笑的人吃了亏还是嘲笑他的其他人吃了亏呢？在孩童时期就有换位思考能力的哈里逊，也难怪长大后可以成为总统。

知进退，善忍让，看似不争斗，看似在吃亏，实际上却是最终利益

的拥有者。

聪明外露不一定是一件好事情。所谓枪打出头鸟，你的聪明不是谁都欣赏。与其因为自己过于张扬的行为而招致灾祸，适当地装愚露拙，未尝不是一个好的方法。

锋芒毕露的人活在他人羡慕嫉妒恨的目光中，不知道什么时候就被算计了。反之，真正的智者会让自己适当表现出愚蠢的模样，以迷惑他人，避免麻烦，从而集中精力，奋斗成功。

此正是“大智若愚”。

忍的境界

——如果有人朝你吐口水，你怎么办

魏正始九年(公元248年)。

这一年，司马懿选择明哲保身蛰伏起来。他表示，人老病多，辛苦多年，如今要请长假休养身体。

曹爽巴不得他赶紧回家待着，当即对这件事投了赞成票。在他的授意下，小皇帝曹芳朱笔一挑，批准。

曹爽回家后，觉得有些不对劲。他想了想，派手下的李胜去一趟司马懿家，以突击的形式检查一下他是不是真的病了。谁让他在司马懿手下吃的暗亏太多了呢？条件反射，总会疑神疑鬼。

李胜来了，司马懿演了，李胜走了。

回去后，他对曹爽斩钉截铁地表示：司马老爷子看来是不行了。这回是真的。

不知道曹爽哪里来的信心，那么相信李胜，信以为真之后也没有

再派人偷窥，就这样慢慢放松了对司马懿的警惕之心。

许是有了李胜的骚扰，司马懿对于再有人探访这件事比较敏感，毕竟他是在装病而不是真病。

想什么来什么，时隔不多久，一位故人找上门来了。

故人叫孙礼，刚刚被任命为并州刺史兼振武将军，走之前来向司马懿辞行。要说两个人的交情，可以追溯到几年前司马懿带兵驱逐犯境的吴军那时候。

虽然司马懿还要装病，倒也没有像对待李胜那样装得比较夸张。他不动声色地看着孙礼，只见他从进门开始就面带不愠之色，坐下后说了一句：“将前往并州，临行向您辞别。”之后就沉默无语。

小子，心里有气。这是司马懿的第一个结论。

孙礼半晌不开口，司马懿试探地问道：“你是嫌并州刺史的官职太小吗？将要上任，怎么一脸的不高兴呢？”

孙礼如同被针刺中的气球，险些跳起来，愤愤不平地说道：“您怎么这样说呢？我虽然才德不高，但也不是介意这些虚名的人。我笑不起来是因为，如今奸佞当道，太傅您身负皇恩，本应该振臂高呼，带领大家清除乱臣贼子。眼下却躲在家中养病，危难当前，却放任不理。”说着，眼圈红了，泪珠子掉了下来。

司马懿看着对方，一时摸不清这是真情流露还是精彩热演。

孙礼这一开口，倒像是打开了话匣子，满肚子的牢骚抱怨一股脑儿倾泻出来，十句话倒有九句半与曹爽相关。

司马懿听着孙礼的牢骚，倒也生出些惺惺相惜的感情，他又何尝愿意受制于人，被一个愣头小子一直挤对了若干年呢？

司马懿不好劝解什么，也不会将自己的真实想法和盘托出，毕竟两个人的关系也没有那么亲厚。当然，已经对自己掏心掏肺地表明立场的孙礼，今后应该会成为自己人，司马懿也不会毫无诚意地打发他走。

想了想，他模棱两可地表示："小礼子，别哭了。你来看我算是有心，皇命不能违，你做好准备就赶紧上路吧。走之前我送你四个字。"说着，手蘸茶水在桌面上写下了"忍无可忍"四个字。

孙礼若有所思地离开了。

桌面上的茶渍渐渐干了，仿佛这四个字从来没有出现过。

司马懿内心很平静，这四个字正是他当前心境的真实写照啊！

忍；忍不了，继续忍；忍无可忍，从头再忍。

长夜之后，总会迎来黎明。

一年后，司马懿毫无征兆地发难，干净利落地抓捕曹爽及其党羽，一番审问与取证，将曹爽定罪，处死并诛三族。

司马懿为什么要忍无可忍？

司马懿谨言慎行的目的不过是为了少犯错，不犯错，是为了不授人以柄。

所以我们在史书中看到"初，宣王以爽魏之肺腑，每推先之"这样的描述。否则，一身军功，一世才学，数十年官场历练，司马懿又何必对一个初出茅庐的后生小辈低声下气呢？

先自保，然后出击，最好是一击即中地取得决定性的胜利。司马懿的一生始终奉行着后发制人这个做事的准则。于是，在没有十足把握之前司马懿选择了忍耐。

司马懿在忍，是因为他打定主意"不见兔子不撒鹰"。

谁是"兔子"？

反正，绝不是曹爽。

也许不是本意，但是掐指算来，司马懿先后灭掉许多曹氏家族的大人物，比如曹仁、曹休、曹真、夏侯尚、夏侯玄等。直至此刻，第三代曹爽的横空出世，倒也成了一种宿命。

从这个角度看，曹氏家族如同一座难以翻越的大山，自始至终横亘在司马懿前进的道路上，他爬了一座又一座，前面却还是一片爬不完的起伏群山。曹爽的上台摆明了就是针对自己。即便不是曹爽也会有其他的曹某某。

只要这个让自己掣肘的障碍存在一天，司马懿就永远不能够在人前趾高气扬，无所顾忌。

虽然说机不可失，但不是时机的时候也绝对不能够横冲直撞，瞎打瞎闹。毕竟争斗的目的不是要玉石俱焚，不能孤注一掷，如果杀敌一千自损八百，胜利又有什么意义？

心字头上一把刀，这就是忍。

谁都知道“忍一时风平浪静，退一步海阔天空”，却不见得谁都可以做到这一点。毕竟，忍是让自己不舒服的事情，是受约束的事情，是需要很大自制力的事情。

什么时候需要忍？

第一种情况是受制于人，不得不低头。

比如说有名的“卧薪尝胆”，在越王勾践做这件事之前，他还是吴国夫差手下的阶下囚。一国之君被侮辱着每日做奴隶的事情，是可忍孰不可忍。但是勾践忍了。不但忍了，还忍得很自然，很有魄力。因为吴王一次生病时医生一句查问排便情况以分析病情的话，他居然可以主动破格做出尝粪便的行为。

可以说，勾践绝对是忍者中的忍者。也因为他没有意气用事，识时务地低头忍耐，才有了日后东山再起，甚至杀掉吴王报仇的后文。

还有一种情况是因为太优秀而“木秀于林”了。

被羡慕嫉妒恨的绝对不是庸才,但是在被羡慕嫉妒恨之后能不能力挽狂澜,能不能继续屹立不倒,考验的是你的情商,你的处世智慧,你的韧劲与耐力。

唐朝有一个大臣叫娄师德,他被任命为宰相之后,弟弟也被任命为刺史。一家荣耀必然令他人眼红。在弟弟赴任前,娄世德问:“如果有人朝你吐口水,你怎么办?”颇有兄长风范的弟弟思考了一下,认真回答:“我自己擦掉。”

娄世德点头又摇头,说:“态度对,但是为了消除他人对你的怒气,更好的方式应该是让口水自己干掉。”

这就是有名的“唾面自干”的成语的来历。身为宰相,一人之下万人之上的身份和地位,却仍然保持着谦和、大度和忍让,除了性格和自身修养之外,不得不说他十分懂得做人之道,这样的人看似软绵绵的,你的攻击却如石沉水底,翻不起波澜。看似可以随意攻击,实则没有任何可以授人以柄的地方,没有任何漏洞可以让他人抓住进而攻击自己。

这才是高手。果然,娄世德任职期间树立了良好的口碑,始终被当政的武则天所信任。

忍,先放空自己。

忍是肚量,是器量,是城府,是智慧。不执着才能随遇而安,不冲动才能八面玲珑。

知忍,未必能忍;能忍,未必忍得持久;忍得持久,未必看得开不伤身。

忍,要先学会放空。

放空，指的是精神，是放开自己，让心灵沉淀下来。不被外界的是是非非干扰，让头脑保持冷静，让心灵保持平静。

刻意去忍，很困难，也很难坚持。唯有将心态放平和，将忍作为一件平常事一样去做，不以物喜不以己悲，笑看花开花落，淡然面对云卷云舒，因为不在意，可以得自在，可以从容面对。于是，才能有“夫唯不争，天下莫能与之争”。

引蛇出洞，看穿对手的弱点

曹爽喜欢外出打猎，还总要带上兄弟一块儿去。对于这件事，他的“隐形参谋”桓范老爷子终于坐不住找到曹爽。

桓范忧心忡忡地反问曹爽：小曹，你是不是活得不耐烦了？

曹爽莫名其妙。

桓范告诫他：你掌管禁军，日理万机，知道不知道不应该随便抛头露面？你倒好，还一家子一起外出，就差没在脑门上贴个纸条说“来杀我吧”。如果你们出城后有人关闭城门造反，你们就等着喝西北风吧！

曹爽嘴硬地表示：谁敢？

当然，后来还是乖乖听从桓范的教训，改正了这种行为。

事实证明，司马懿就是盯住了曹爽的这个漏洞。在嘉平元年，趁着老曹家倾巢出动到高平陵祭祖的机会发动政变，一举除掉曹爽。

对老曹家人来说，那一天的记忆是混乱的，那一天的天气是寒冷的，那一天的人生是惨淡的，那一天的黄历上只有“大凶，不宜出行”几个大字。

而对司马懿来说，那一天的太阳是崭新的，那一天的空气是新鲜的，那一天他的人生是美好的，那一天的黄历上他看到的是“大吉，诸事顺利”。

不过，司马懿的正面出击在进行到一半的时候发生了一个让他险些阴沟翻船的岔子。这个岔子正是出在曾出手堵住曹爽漏洞的参谋桓范身上。

桓范成为司马懿封闭洛阳城后屈指可数的漏网之鱼。他谎称旨意逃出城投奔曹爽。桓范并不是没有选择，他聪明一世，不久将为这个糊涂一时的决定埋单。

听到桓范出逃的消息之后，司马阵营有不同的声音——

以蒋济为代表的声音是：曹爽的智囊跑掉了，曹芳还在曹爽手中，如果曹爽听从桓范这个智囊的计谋，有可能反败为胜啊！糟糕了！怎么办？

司马懿表示：大家放宽心。曹爽这个人与桓范貌合神离，且曹爽比较蠢，不能理解桓范的计谋，等我再放出一个烟雾弹，他就更加不会听桓范的话了。

果不其然，曹爽很眷恋洛阳城内的富贵，并不理会桓范的两次建议，尽管那样做他很可能反败为胜。

桓范费尽口舌也不能说服曹爽半分，绝望之下，他破口大骂道：“曹真怎么生了你们两个蠢驴一样的儿子！我瞎眼了才会帮助你。如今你自投罗网，我一家子的命也断送了！”

关于这个故事，史书中是这样记载的——

大司农桓范出赴爽，蒋济言于帝曰：“智囊往矣。”帝曰：“爽与

范内疏而智不及，驽马恋栈豆，必不能用也”。(《晋书·宣帝经》)

对于桓范，司马懿之所以不担忧，主要是他深谙对手的心理。

司马懿说出这番话不单纯为了稳定军心，而是他确实非常了解曹爽这个人，也很了解桓范与曹爽之间的关系究竟发展到什么程度。如果他们之间真的过从甚密，司马懿算无遗策的谨慎作风怎么会让桓范跑掉呢？

首先，桓范主意很多、很高明，可是他不会摆正自己的位置。

仗着资历深、年龄大，桓范对待曹爽显然是高高在上的姿态。一开始的时候，曹爽有求于人还可以礼贤下士。当他开始利欲熏心，开始因为表面上的大权在握而作威作福的时候，曹爽与桓范的关系发生了根本的改变，他不需要再俯首帖耳地听取桓范的教诲，只不过是自己人的关系，而保持着面子上大家都过得去而已。

这个一辈子总是一副臭脾气模样的人，大约还不知道自己已经越来越被边缘化，越来越不受待见了。而对于这一切，司马懿却洞若观火。

其次，司马懿在故意放水。

当知道这个人注定不能为我所用的时候，曹操会毫不留情地除掉，比如他对荀彧。这件事司马懿作为旁观者自然记忆深刻，同时也学到手。如今面对桓范这块“鸡肋”，司马懿已经不想啃了，也不想容忍他置身事外，成为隐形的祸患。

问题是桓范是曹爽隐形的军师，所以曹爽很多罪行中桓范可以撇清自己，毫无干系。没有对付他的把柄在手，司马懿就不能出手除掉桓范这个眼中钉。

造反是个大罪，这个罪名司马懿准备扣在曹爽的头上。反正一个

蚂蚱也是逮，两个蚂蚱也是抓，只要桓范主动将自己拴到曹爽这条绳子上，就等于他自己跳进了火坑。这时候，司马懿想要除掉他也就顺理成章了。不是吗？

当孤注一掷地闯出城，当苦口婆心地劝谏全无效果，当曹爽已经打算投降的时候，桓范知道，自己的末日到了。而且，桓范就像一顶反叛的帽子，司马懿把他牢牢地戴在了曹爽的头上。

通过种种分析可见，司马懿其实在采用“引蛇出洞”的心理策略——目的意在诱对手主动暴露原形。这一招十分巧妙，而且效果极佳。

在历史上，不少人都深谙引蛇出洞之法。楚王有一个叫郑袖的宠妃，但是魏王又送给楚王一位美人。郑袖感到威胁，但是又不能表露出嫉妒之心。她百般讨好美人，关怀备至，还在楚王面前夸奖美人。一来二去，美人十分信任郑袖，对她敞开心扉无所不谈。楚王也夸奖郑袖识大体，是后妃的表率。

当然，这些都是她的烟雾弹。根基打好了，郑袖准备出招了。她在闲聊中故意对美人说，楚王嫌她的鼻子长得不太好。美人很担忧，郑袖告诉她，只要在见到楚王的时候用手帕遮住鼻尖就好了。

没有多久，郑袖知道楚王已经察觉到美人这个举动，她又故意在与楚王的闲聊中吞吞吐吐地说，美人告诉她，因为楚王身上有一股恶心的味道，所以常常捂鼻遮挡。

楚王大怒，命人割掉了美人的鼻子。郑袖不动声色地除掉对手，重新获得了独宠。

很多时候，你虽然锁定了对手，但是一方面缺乏正大光明出手的时机，另一方面对手藏得很深。这个时候，就需要采用“引蛇出洞”的方式，先让对手露出破绽，然后抓到可以制服他的关键所在，从而一击即中。

只需一次就把事情做成功

魏嘉平元年(公元249年)。

正月的一个早晨,曹爽、曹羲兄弟陪同小皇帝曹芳去高平陵祭祖。

就在他们前脚走出洛阳城的同时，在洛阳城中的另一个角落,司马懿家中的族人已经整装待发。

没错,这一天就是司马懿出手的一天。他等了太久,终于要正面出招了。

这件事司马懿已经谋划许久,他要求一击即中,绝对不容有失。

司马懿的步骤是这样的——兵分三路,抢占先机。

司马懿自己前往永宁宫见郭太后;大儿子司马师带人封锁四个城门;高柔带领曹爽禁军,王观带领曹羲禁军。

双方一拍即合,凭借太后授予的权力,司马懿名正言顺地开始了下一步行动。

早就准备完毕等待信号的另外两拨人马，有条不紊地占领了要地。

司马师的中护军恰到好处派上用处了，三下五除二占领了四个城门。

基本上，除了故意放跑的几个人，洛阳城如同铁桶。

高柔闯帐，夺了曹爽手中禁军的大印，将太后的懿旨一亮，表示：这里我暂代管理了。另一边，王观同时夺得曹羲掌管的禁军大印，顺利夺得管理权。

至此，洛阳城中的不安因素被司马懿以雷霆一样的手段迅速消除。洛阳城的四个城门被司马懿控制住，洛阳城禁军也被司马懿牢牢握在手中。这时候，就算曹爽党如何晏、丁谧、邓飏等人得到消息，也无法逃出城或是赶往禁军营，自己家早就让司马懿派人马包围住了。

这些基本工作完成后，司马懿带着自己的同盟军来到洛阳城外，隔着洛水看着对面跳脚的曹爽，开始了他的第二步计划。

他上奏曹芳，历数了曹爽的罪行，表示，我在对岸等着，直到曹爽投降为止。

曹爽出门的时候很高兴，嗯，天气不错。现如今，他再也高兴不起来了。

不是说司马懿已经病得爬不起来了吗？现在我看到的难道是“鬼”吗？

哭爹骂娘没有用，曹爽只有两个选择，要么投降，要么死战。懦弱的他选择了前者。司马懿赌赢了最后一步。

他松了一口气，打道回府。

司马懿做事一向滴水不漏，抢占先机，一击即中。

对付曹爽也一样。毕竟,此时曹爽不是造反,而是正常的外出祭祖。这是司马懿唯一可以利用的机会,但他要用得光明正大。只有一个人可以将抓捕曹爽这件事由黑的变成白的,这个人就是郭太后。

首先,郭太后的地位仅次于小皇帝曹芳。此时的曹芳在曹爽手中,司马懿可以用的最大的牌,可以当自己的保护伞的人,非郭太后莫属。

其次,司马懿可以很容易地从太后那里拿到讨伐曹爽的懿旨,说起来还是曹爽帮了他的大忙。这也是当初他没有强力阻止曹爽强迁太后到永宁宫的原因,这着棋现在派上大用处了。被架空的郭太后对曹爽恨得牙痒痒,她不管曹爽是不是老曹家的人,她又怎么会放过让她不舒服的人?

我无条件同意!曹爽小儿,不把你大卸八块难解我的心头之恨!司马懿早就洞悉郭太后的心声。

同样,如果曹爽选择反击,那么曹芳也是他手中最大的王牌。曹爽完全可以倒打一耙,将司马懿置于乱臣贼子的位置。可惜,他目光短浅地放弃了这个可以反败为胜的机会。

司马懿要打着勤王的口号出发,势必要获得皇家的许可。这个许可证的颁发者和盖章授权的任务无疑落在皇太后的手中。

当司马懿顺利获得出兵的许可,封锁了城门,抢夺了城中的护军军权之后,他站在城门外的洛水浮桥上等到了匆匆赶回来的曹爽。

在这一系列的行动中,他从来没有只身犯险,也没有只是用自己家的亲友,而是充分利用了洛阳城内所有他可以用到的人物。不是普通人,而是人物。

都有哪些人物呢?具名的如蒋济、高柔、王观等人,不具名的则是“公卿群臣”,啥意思?就是全体的朝臣都站在司马懿这一边与他一起声讨曹爽。

任何时候也不要单打独斗，如果获胜的话，利益全部归你个人所有，但是如果失利，所有的苦难与代价也同样只靠你自己一个人扛起来。

曹爽多行不义必自毙，他得罪了太多不该得罪的人。所以即便司马懿不开口拉拢，也难有人站出来违逆大局替曹爽说话。而曹爽的同党早已被武装圈禁，想说话也开不了口。

获得舆论的支持，司马懿才彻底没有了后顾之忧。

有时候，胜负只在一线。如果你不能一击即中，就再没有翻盘的机会。

胡萝卜加大棒的心理战术

魏嘉平元年(公元249年)。

对于陷入狼狈状态的曹爽,司马懿写了一份奏章。

美其名曰是给曹芳的,但谁都知道这就是给曹爽看的。

这份奏折,司马懿写得大义凛然,义正词严。

他先是摆出自己的托孤辅政的身份,然后历数了曹爽的桩桩罪行以及由此造成的严重影响到国家社稷安危高度的不良后果。以此表明曹爽有负曹叡所托,是背信弃义的小人。

接下来,用赵高、吕后等反面典型套在曹爽的身上,以史实指出除掉他的必要性。

话锋一转,司马懿开始强调他的师出有名,抬出太后的名头做靠山,又拉上一众公卿大臣做垫背,来说明这件事他是正义一方,除掉曹爽是众望所归。

最后,给出他的条件——罢黜曹爽等人的职务。

值得一提的是，司马懿在奏折结尾写的话明显是说给曹爽听的——

你小子如果敢扣留天子负隅顽抗,我将以军法处置你。我说到做到,就在洛水桥上等着。建议你乖乖投降,最好别让我亲自动手来抓你。

曹爽先是惊诧,然后是气急,最后变成忧惧。

司马懿绝不会让曹爽有喘息之机。他要攻击曹爽本就脆弱的心理防线。

他派人告知曹爽说:“小皇帝曹芳露宿在外,天寒地冻的万一生病了就不好了。”于是,派三弟司马孚亲自带着帐篷、食物等皇家规格的物品来到曹营。

曹爽没有拒绝,在一旁看着,眼神有些恍惚。这些熟悉的物品和食物让他想到了一天前还过着的优渥生活,司马懿的这一举动显然勾起了曹爽对于富贵生活的不舍和眷恋,让他本来就不强烈的斗志在锦衣玉食的诱惑下不断下降再下降。

司马懿要的就是这个效果。趁热打铁,司马懿又找了两个人做说客,替自己去传话。

第一个人是蒋济,作为昔日与曹爽老爹关系不错的长者,他的话还是有一定分量的。方式是写信,内容是劝降,价码是可以保命。

曹爽读完蒋济的劝降信,心中仿佛看到一丝曙光。当然,他还有些将信将疑。这当口,司马懿送来了第二个人。

这个人叫尹大目,一个与曹爽关系很铁的第三方人士。司马懿对尹大目情真意切地表示:“请你替我转告曹爽,只要他投降,这件事就算告一段落。他不会有性命之忧,这一点我可以对天发誓。”说着,司马懿真的指着洛水,虔诚地在众人面前高声发誓。

尹大目相信了,大义凛然地走进曹爽的营帐,苦口婆心又不遗余力地劝降曹爽。

于是,面对桓范“挟天子以令诸侯”的建议,曹爽更加地犹豫起来,乃至于心理上开始抗拒去想象自己要在未来过逃亡流浪和四处奔波的生活这个假设。

就这样,在司马懿层层递进的作秀下,本就犹豫不决的曹爽越来越动摇,司马懿给出的诱饵让曹爽找到了说服自己的理由,他终于冲动地、天真地、充满不切实际幻想地放下武器,主动投降了。

司马懿的这套“组合拳”打得可谓滴水不漏。

让曹爽投降是上策,可以兵不血刃取胜。这是司马懿的第一方案。为此他做了周密的安排。而在诱降曹爽的过程中,司马懿最主要的手段只有一个,那就是——心理战术。

为了达到这个目的,他秀出了一套组合拳。说白了,就是胡萝卜加大棒的套路。

第一招:大棒子强打

面对司马懿扔过来的石头,曹爽蒙了,心慌意乱了。人在精神紧张的时候,很难做出理智冷静的决定,曹爽也不例外。

按照应激反应的心理,曹爽第一个想到的是反抗,而他也确实有这个资本和一半的胜算。当军师桓范怀着孤注一掷的决心逃出城投靠他的时候,强烈建议曹爽挟天子以令诸侯,暂时撤离,联络四方势力反过来指控司马懿矫诏谋逆。

可惜,桓范千算万算却没有算准曹爽这个人的心理,从这一点来看,虽然他的智商很高,情商却着实一般,远逊于他的对手司马懿。

因为，司马懿在听闻桓范逃出城的时候，并没有像其他人那样担忧曹爽有了帮手，而是讥笑说：“曹爽与桓范貌合神离，两个人思考问题的层次不一致。曹爽这匹劣马只恋刍豆，桓范的话他听不进去的。”

事实证明，司马懿这个“半仙儿”再一次言中了。当然，说是让司马懿言中了，不如说是司马懿用手段让这个不利于自己的计划“胎死腹中”。而他的手段就是抓住了曹爽的心。

第二招：蜜糖攻势

司马懿继砸晕曹爽之后，又换招扔给曹爽两罐蜜糖。

第一罐蜜糖——诱发了情绪激动的曹爽对奢华生活的不舍与眷恋。

曹爽野心的出发点不是建功立业，而是享乐。不只是他，曹爽党的几个核心人员一样追求不高。这一点从昔日他们一旦得势便开始得意忘形、作威作福、肆意掠夺等行径中已经得到验证。所谓打蛇打七寸，就是这个道理。司马懿抓住他这个致命弱点，成功地让曹爽打消了反抗的念头。

第二罐蜜糖——以保命为谈判条件，给曹爽一条活路。

贪生怕死的曹爽在前后几拨人的劝说下，从最初的绝望，变成看到一丝生机，再加上他对于荣华富贵的眷恋，从而更坚定了他投降的念头。

这时候，任凭一旁的桓范如何制止，也已经无济于事，他完全听不进去了。

司马懿没有给曹爽喘息的机会，他使出一套组合拳。求安稳，恋家，这些都是人之常情，曹爽的心越来越动摇，司马懿老到地利用了这一点，曹爽也不出意外地中招。

关于司马懿的策略，有句经典的话：“芳饵之下必有悬鱼。”这句话语出《后汉书·耿纯传》,意指:芳香的鱼饵下面肯定有上钩的大鱼。司马懿想要钓到曹爽这条大鱼，连带着捕获他身旁的大小不等的池鱼，就要拿出绝对吸引曹爽的诱饵。

桓范的饵料也非常有营养,可惜曹爽不爱吃。司马懿的诱饵实际上只是一句口头的永远无法兑现的承诺,可惜曹爽偏偏吃这一套。

如果曹爽仔细读读司马懿递给小皇帝曹芳做样子的檄文,就会知道自己已经被钉在祸国殃民、十恶不赦的位置上。历史证明,但凡与“祸国殃民”“十恶不赦”这样的词挂钩的人,基本上是没有好下场的,无论他的来头多大。

需要提示的是——

第一,收服人,先从全盘了解人性入手,以攻破他的心理防线为重中之重。

第二,想玩心理战术就必须找到最佳的切入点,而且必须一击奏效,否则打草惊蛇,反而让对方产生戒心,之后就会难上加难。

软硬兼施让对手乖乖就范

嘉平元年(公元249年)。

71岁的司马懿以雷霆之势正面出手对付曹爽。

曹爽六神无主,逃出来的桓范建议他挟持小皇帝,指称司马懿造反,联络四方势力反攻。可惜他对曹爽的了解显然还不及对手司马懿深入。

这就是一个心大胆不肥、想赢又怕输、只能享福不能吃苦的家伙。

司马懿最后一次与曹爽展开谈判,主题只有一个:“你投降吧。”

司马懿开出的条件在曹爽看来还是很诱人的,只要投降,只会撤职,自己和族人的性命无忧。为了显示诚意,司马懿还找到几拨人劝降,自己也作秀地对着洛河水立下誓言。

曹爽毫无意外地再一次也是最后一次在与司马懿的谈判中败下阵来。

他天真地相信了司马懿的誓言，被司马懿迷惑，认为自己性命无忧。而且，自己也放不下洛阳城中的富贵，终于选择投降。

曹爽丢官后被圈禁在自己家中，司马懿派八百人围守。一开始，曹爽在百无聊赖中溜达到后花园，拿弹弓打鸟。鸟还没打到，自己被吓了一跳。原来，守在角楼上的人高声唱和道："大将军向东南方向走了十一步。"

左思右想，这种活死人墓的感觉太难受。曹爽想要试探一下司马懿，他写了一封信，信中说："我惶恐无比，当初不该为难太傅，如今罪该万死。太傅大人大量的原谅让我感激不尽。现在有件事虽然不好意思，还是要请太傅相助。我家中眼看要断粮了，可不可以救济一下？"

司马懿接到信后"大吃一惊"，表示自己不知道这件事，并当即派人送给曹爽一百斛米，以及若干肉脯、盐豉和大豆。

曹爽一边清点着粮食，一边对弟弟曹羲说："看来，司马懿不会杀我们了！"

真的吗？当然不可能。一直在谈判中保持红脸的司马懿很快要变成白脸了。

不久，太监张当认罪，交代出曹爽的许多罪行。司马懿借机发难，曹爽的好日子彻底到头了。

大殿上，司马懿细数了曹爽及其党羽的罪名，人证物证俱在，曹爽犯的每一件都是死罪。司马懿表示："老弟，对不起了。我的誓言在国家律法面前只能让步。"

判决很快下来，曹爽及其党羽死罪，诛三族。

史书是这样记载的——

既而有司劾黄门张当，并发爽与何晏等反事，乃收爽兄弟及其党与何晏、丁谧、邓扬、毕轨、李胜、桓范等诛之。(《晋书·宣帝纪》)

为什么司马懿前恭后倨，要演一出变脸的戏呢？

众所周知，司马懿当然不可能对曹爽这么温情。但是，他已经等了将近十年的时间，也不在乎最后多等一会儿。司马懿还在等舆论的支持，这很重要。司马懿对付曹爽始终坚持的一个原则就是一定让自己站到公理一方。不管他为了让曹爽投降而立下的誓言是真心还是假意，总之他不能主动打破这个誓言，除非有更强大的让誓言不攻自破的外力。

比如，国家的律法。

曹爽的护身符就是他的身份。曹爽投降后还天真地认为自己不过是丢官罢爵而已，正是依仗自己的身份。他是什么身份？老爹是曹真，爷爷是曹操。谁敢动老曹家的人？谁能动？

抓曹爽和杀曹爽是两个不同的概念。曹爽得罪人很多，所以希望他下台的人也很多，在这一点上，司马懿很容易得到大家的支持。但是，当曹爽被俘之后如何处置他，就开始出现了不同的声音。

之所以会有这种情况，与曹爽的身份脱不开干系。当年曹叡在临死的时候选择曹爽，不是因为他这个人多有本事而是因为他根正苗红的出身。

现在曹爽的身份再一次要成为他的护身符。这个护身符不失效，司马懿就不能真的动手除掉曹爽。这就是司马懿抓到曹爽后一直在忙的事情，而他最后的变脸也是在拿到真凭实据后才发生的。

通过处理曹爽的案例，我们可以看到司马懿完美地采用了软硬兼施的策略。当事情陷入僵局或者因为某些事情而双方各不让步的时候，可以通过软硬兼施的方式突出重围。

通俗讲，软硬兼施策略就是红脸白脸策略。可以两个人分饰两个角色，也可以一个人分饰两个角色。先由白脸强硬地出招，再适时派出红脸缓和气氛，留给对方选择的时间。在一唱一和中获胜。

美国有一个叫霍华·休斯的富翁。一次他与制造商进行谈判，计划购买大量的飞机。谈判中，休斯先提出34项要求，其中有11项要求是强硬的霸王条款。这当然不会让制造商接受，一时谈判陷入僵局。

休斯于是雇用了一位代理人，他表示自己的底线是拿下那11项要求，其他都好说。没有想到，最后代理人告诉休斯，谈判结束，他争取到了30项要求，其中包括那11项。

休斯很吃惊，急于知道代理人是如何办到自己也办不到的事情的。

代理人回答他："很简单。你那些要求确实让人头疼，不过每当谈判陷入僵局的时候，我就会问对方：'你们是希望与我解决这些问题，还是留着它们等着最后再和休斯谈判呢？'结果，当我说过这句话，对方就接受了我的要求。"

这是一个典型的谈判中的红白脸战术，也就是软硬兼施法。休斯作为白脸，霸道地咄咄逼人出场，提出过分的要求，并表示出毫无妥协的余地。他的傲慢无礼令人反感，下意识地不愿意再接触。这之后代理人以红脸的身份，温文尔雅上场，带着解决问题的诚恳态度与文雅的谈吐，很容易就获得了对方的好感，并适时地暗示对方：如果谈判陷入僵局，可怕的休斯还会再一次出场，从而给对方造成很大的心理压力。为了避免与休斯打交道，他们宁可妥协。

在运用"软硬兼施"策略中，我们要牢记以下注意事项：

第一，抓大放小。

软硬兼施，要在原则性问题不放手，在细节问题上可以做出一定的让步。

第二，性格与角色必须相符。

白脸是反面角色，要霸道、雷厉风行，要有攻击性；红脸是正面角色，要温和，要圆滑，要沉稳，要善于把握时机。所以，在选择角色时要有对应的选择，不能硬性安排。一旦性格与角色不符，反而会产生反效果，被对方借机反扑。

第三，分清主角和配角。

白脸是配角，但要先出场，唱反调，引起对方的反感。红脸是主角，作为主谈人或负责人，要掌握谈判火候，用白脸牵制对方，适时地选择让白脸登场或退场，借机逼对方表态。

第四，配合默契，有礼有节。

如果红脸白脸分人而饰，那么就必须保证二人在一唱一和的过程中保持默契，红脸要在白脸表现过度时出面调停，让对方有台阶下。避免过犹不及，出现谈判僵局或破裂的情况。

即便是白脸，表现强硬的时候也要有度，强硬是立场而不是胡搅蛮缠。作为红脸，在温和的同时也要避免变成软弱可欺，失了让步的分寸。

第十章 布局 下一盘很大很大的棋

下棋要算好后路，知道对手下一步要怎么走，这样才能抢占先机，进而制胜。

毫无疑问，司马懿就是这样一个下棋高手。

小人物有大作用

魏嘉平元年(公元249年)。

司马懿正面出击对付曹爽,一套组合拳打下来,晕头转向的曹爽投降了。

事败后的曹爽被司马懿圈禁在家中等候发落。

曹爽被圈禁后司马懿一直没有露面,因为他比较忙。

作为曹家人,如果没有无法饶恕的死罪,曹爽就算是杀人放火无恶不作,司马懿依旧处置不了他。当然,司马懿早就想好了如何令这个护身符失效的方法。这就是司马懿一直在忙的事情。他在忙着审问一个犯人。

犯人名叫张当,是一个太监。

作为一个身份低微的人,本来是不值得司马懿亲自出面的。原因就在于张当在过去很长一段时间内,与曹爽过从甚密。作为坐实曹爽

死罪的钥匙，张当首当其冲，至关重要。

审问张当的任务，司马懿交给了卢毓。

还记得这个人吗？

当初，曹爽建立自己的党羽集团开始抢班夺权的时候，他第一枪对准的正是彼时任吏部尚书职位的卢毓，因为曹爽要将人事任免权抓到手中。倒霉的卢毓躺着中枪了。他先是被曹爽升职为尚书仆射，不过没多久他就高兴不起来了。因为他又被降为廷尉，然后就出现了与何晏的纠纷，在借题发挥中，他莫名其妙地受到毕轨的弹劾，被降职为光禄勋这样一个闲职。

卢毓一路如坐过山车一样忽高忽低，受尽了刺激。怎么能不恨曹爽这些人？这样一粒棋子，司马懿又如何会不加以利用？

《三国志·卢毓传》记载："爽等见收，太傅司马宣王使毓行司隶校尉，治其狱。"曹爽事败后，司马懿将卢毓官复原职。一个给了他重重的一巴掌，一个给了他甜甜的蜜糖，卢毓的心会朝向谁不言而喻。而重新掌权的卢毓在面对一个可以给曹爽治罪的大好时机面前，司马懿只要适时点拨几句，卢毓又怎么会不理解其中的含义，不用尽办法使这个机会成为现实以发泄他的心头恨呢？

张当只是一个无权无势的细皮嫩肉的太监，卢毓没有费多少力气就让张当开口爆料。和预期的一样，在循循善诱下，张当配合地曝出曹爽很多大逆不道的罪行。

一个小人物一样可以有大用处，司马懿如愿以偿拿到了曹爽犯罪指证，接下来只要完善了物证和人证，曹爽的死期就要到了。

张当引子的价值被利用完毕，接下来司马懿要用的人物才是彻底给了曹爽致命一击的绝杀武器。这时候，最后一个重量级人物登场。他是何晏，曹爽班子中的头号党羽。

一番思想工作加上连哄带骗之后，何晏表示：只要能免罪，我跟你合作。

至此，司马懿表示：曹爽，不是我不给你机会，而是你死罪难逃。

曹爽的致命弱点被自己人曝光了！

而这一切都是司马懿设计的，因为他知道，如果不能斩草除根，后患无穷。

想要彻底除掉曹爽，他必须得有确凿的证据。从故事中可以看到，司马懿剑走偏锋，从旁打开一条通路，利用几个边缘人物轻而易举达成所愿。无论是张当、卢毓还是何晏，无不是因为自身的利益而选择与他合作。而曹爽在做着性命无忧的美梦的时候，殊不知自己已经死到临头了。而这些都是他曾经的盟友的“杰作”。

第一，司马懿为什么不直接出手？

抓曹爽和杀曹爽是两个不同的概念。曹爽得罪人很多，所以希望他下台的人也很多，在这一点上，司马懿很容易得到大家的支持。但是当曹爽被俘之后关于如何处置他，却出现了不同的声音。之所以会有这种情况，自然与曹爽的身份脱不开干系。就如同当年曹叡在临死的时候选择了曹爽，不是因为他这个人有本事，而是因为他的身份，现在曹爽的身份再一次成为他的护身符。

司马懿做事的第一要务是先明哲保身，凡事都要让自己站在公理和正道上，不被人诟病，不遭人指责，不让人抓到一点儿自己假公济私的证据。

张当是卢毓审问的，作为吏部的主管做这件事很正常；曹爽的罪证是何晏供认的，作为同伙，又是皇族中人，即便是狗咬狗也与己无关。

司马懿唯一做的事情就是从旁顺水推舟，让事态按着自己的预想发展下去。出手要名正言顺，要正大光明。得罪人的事情轻易不沾身。这就是司马懿会如此大费周章的一个重要原因。他最后的违背誓言也可以解释为不得已而为之，因为罪证确凿。

曹爽，很抱歉，身为公务人员，我要遵守国家的法纪，现在我保不了你了！

第二，不要轻易得罪小人物。

家明是一名业务经理，连续几年业绩都非常出众，在集团中名列前茅。集团人员调整，对于空缺出来的大区业务总监的职位，家明志在必得，也认为自己最有实力。结果，他落选了。这一切早有预兆，只是被他忽略了。

半年前，有一笔上千万的业务由他主谈，在最后的签约阶段，因为一笔汇款无故延期，差点儿使得这笔业务“泡汤”了。事后，家明与负责这件事的公司出纳员大吵一架。这件事发生的真实原因是家明平日里为人比较刻薄，多次因为琐事得罪了这名出纳员，导致对方积怨颇深后借题发挥，给他穿了小鞋。

其实不止这一个人，一些公司中的老员工也因为家明激进的作风而与之产生过纠纷，他们私下常常打小报告，抱怨他不懂人情世故、为人孤僻，不和同僚交往、做人骄傲自大，等等。以至于集团人事部门积攒了大批关于他的负面意见材料，在进行人选评估的时候，这方面的评分拉了后腿，让他错失了升职的机会。

“小人物”平日看来很不起眼，但是汇聚起来的力量却不容小觑。某网站论坛曾经进行过一次民意调查，结果显示在职场中最得罪不起的人排名前三的依次是：前台、网管和保安。并没有多高的职位，却因为处于敏感而关键的岗位，一旦他们出于私愤的目的而借题发挥，就会对各项工作形成阻碍。作为一种内耗行为,对企业来说是一种无妄之灾。

多一个朋友,多条路;得罪一个敌人,自毁后路。少做亡羊补牢的事情,在平日里多积累善缘,会在关键时刻发挥意想不到的作用。

没有不上钩的鱼，只有不对味的饵

魏嘉平元年(公元249年)。

司马懿发动政变，一举制服曹爽。

为了让曹爽尽快投降，司马懿立誓表示：只要投降，不过是丢官而已，自己不会为难他。

为此，司马懿在曹爽投降之初也确实只是将他圈禁在自己府中，派人监视而已。当然，司马懿不是不出手，而是他还缺少让他一锤定音的秘密武器。这个武器就是曹爽谋反的罪证。唯有死罪才可以揭掉贴在他身上的护身符，可以忽视他曹氏血统这件事。

很快，这个证据就让司马懿拿到手中了。而他取证的方式说简单也很简单，说白了就是利用狗咬狗的方式，让最熟悉彼此的曹爽一党四分五裂。

司马懿找到了曹爽党中最容易被攻破的一个人。

这个人是何晏。曹爽党中一个特殊的存在。

当然,故事并不是从何晏开始。因为司马懿还要先找到一个突破口。司马懿将这个突破口锁定在太监张当身上。

张当只是一个无权无势的细皮嫩肉的太监,司马懿没有费多少力气就让张当开口爆出曹爽很多大逆不道的事迹。

作为引子,司马懿有了审问何晏的借口。于是何晏登场了。

这时的何晏作为阶下囚已经没有讨价还价的资本,而司马懿扔给他的一个救生圈,他绝对不会不紧紧抓住。于是,在司马懿的一番思想工作加上连哄带骗之后,何晏表示:只要能脱罪,我跟你合作。

《三国志·何晏传》中记载:"初,宣王使晏与治爽等狱。晏穷治党与,冀以获宥。"只要何晏一开口,势必自断后路。而没有了回头路的他必定要非常卖力气地出卖了曹爽才能得到让自己可以脱罪的机会。

作为曹爽的身边人,何晏的供词非常详细,也非常有说服力。

司马懿看着手中的证据,终于松了一口气。曹爽,你的死期这一次真的到了。

大殿上,司马懿一一细数了曹爽犯下的大罪。他对曹爽表示:不好意思,虽然我立誓保你,但是你的罪名太大了,我身为太傅要维护国家的纲常律法,不得已,只能违背誓言了。

其结果,曹爽被杀,诛三族。

当然,卖主求荣的人永远不会有好下场,何晏也一样。

司马懿看着何晏的供词,皱眉说:"不对啊,怎么只有七个人的事情?应该是八个人啊!"

何晏有些蒙,掰着手指头数了数,道:"没错啊,曹爽、丁谧、邓飏……正好是七个人啊。"

司马懿摇摇头，表示："不对，你再想想。"

何晏急了，作为叛徒，他已经竭尽所能地供出了所知。难道司马懿还怀疑他有所隐瞒吗？口不择言中，他脱口而出："难道还有我不成？"

司马懿等的就是这句话，当即点头，说："没有错！"

当即将何晏重新下狱，和曹爽党羽一同处决了。

这就是史书记载的——

> 初，宣王使晏与治爽等狱。晏穷治党与，冀以获宥。宣王曰："凡有八族。"晏疏丁、邓等七姓。宣王曰："未也。"晏穷急，乃曰："岂谓晏乎！"宣王曰："是也。"乃收晏。（《三国志·何晏传》）

司马懿为什么选择何晏作为突破口呢？

首先，地位决定。

论辈分，何晏的身份比曹爽还高。因为他是曹操的干儿子，自小养在身边。史书中说"晏少时聪慧过人，曹操宠若诸公子"，到什么地步，连亲生儿子曹丕都嫉妒他，讨厌他。而且他娶了公主，身份上是驸马，有爵位。

所以，从地位上说，如果其他人还在担忧司马懿会如何出手对付自己的时候，何晏很超然地表示：只要我合作，司马懿他应该不敢动我的！

其次，自恋的人都惜命。

史书上说："晏性自喜，动静粉白不去手，行步顾影。"何晏是一个美男子，这也是他骄傲的资本，同时成为其他人讨厌他的理由。很娘娘腔的一个人，又好色，还从小就被父母宠溺，显然一切条件都将他培养成一个极端自恋的人。

自恋的人很惜命，不会做出大义凛然的举动。但凡有一丝生的希望，就很容易变节投诚，成为反复的小人。

最后，何晏知道的事情最多。

何晏作为曹爽三人帮之一，是一开始就在他身边做事的人，也是最了解他的人。那么司马懿要想彻底地铲除曹爽就必须有一个了解详情的人出谋献策。

综上，何晏自然成为最佳人选。

司马懿除何晏用了一招“上屋抽梯”。

一开始的时候，如同向曹爽立誓一样，司马懿对待何晏的态度大约是很和善的。他先许诺给何晏一个天大的恩赐，这个恩赐如此诱人，以至于不知道司马懿真实想法的何晏，当沦为阶下囚认为求生无望的时候，司马懿的许诺成为他眼中的救生圈。作为这根唯一的救命稻草，他无论如何都会牢牢抓在手中。

只要他合作，只要他开口，他就没有了后路。只能尽其所能地吐露所知。司马懿让他怎么说，让他说什么，他就怎么说，就说什么，因为他别无选择。

当失去利用价值之后，何晏的黄粱梦也做到头了。

“上屋抽梯”的核心是“诱饵”，想要成功运用，就必须先故意送给对手一些好处作为诱饵。没有诱饵对手不会上当，不上当也就没有“抽梯”这个后续动作了。

下诱饵，并不简单，首先，诱饵分量要足。

小打小闹不行，那不足以迷惑对手。分量足对方才会接受，才会忽略背后的不合理性。人的天性都有“贪心”的一面，贪心程度体现出来有不同，靠的是自我约束能力的强弱。越是自控能力差的人，越容易被诱饵迷惑，进而上当。

诱饵要对口味

没有不上钩的鱼，只有不对味的饵。用胡萝卜钓鱼或用蚯蚓抓兔子，显然只能白费工夫，不见效果。有人重名，有人重利，有人重情，有人急需某样东西，有人急于出手某样东西，每个人的需求各不相同，唯有抓到这个点，才可以有的放矢地运用自如。

榜样的力量是无穷的

魏嘉平元年(公元249年)。

这一年发生在魏国的最大的头条新闻,莫过于风头最劲爆的曹爽被据说已经老得不能自理的司马懿拉下马这件事了。

然而,再缜密的计划还是有疏漏的地方。根据史书记载,事发之后还是不可避免出现了几条"漏网之鱼",一条"大鱼"是曹爽的隐形军师桓范,另外还有两条"小鱼":一个叫鲁芝,一个叫杨综。鲁芝是曹爽手下的司马,杨综是曹爽手下的主簿,属于机要人员中的二线人物,地位仅次于丁谧、何晏等人。

司马懿按照计划隔着洛河诱劝曹爽投降,指天誓地之余,还先后派了几拨说客扰乱曹爽本就不坚定的反抗决心。

再来说这三个逃出来投奔曹爽的"漏网之鱼"。

桓范和鲁芝、杨综谁先到曹爽身边的不得而知。不过,三个人基本

上众口一词地建议曹爽挟天子以令诸侯。只可惜曹爽烂泥扶不上墙，最终还是贪图富贵选择了投降。

事后，曹爽及其手下丁谧、何晏、桓范诸人悉数获罪下狱，判处死刑的同时还遭到灭族的惩罚。

颇有意味的是，相较于桓范的丧命灭族，同样出逃的鲁芝和杨综却得到了司马懿的赦免。

有司衙门表示："根据知情者的举报，他们曾经劝说曹爽造反，罪无可赦。"

而司马懿却一反常态和蔼地表示："这不过是人各为其主罢了，可以原谅。"

一句话，数百人殒命；一句话，两个人得活。

醒过味儿的人，才知道，原来他们并不是"漏网之鱼"啊！

为什么司马懿要树立典型？

按照史书记载，司马懿赦免鲁芝和杨综的理由是他们对曹爽很忠心，我要留下作为旁人效仿的典型。

司马懿大约是想要作秀做全套，后来这两个人在曹爽伏诛后不但被赦免了罪行，还被司马懿授予了尚书郎的职务。鲁芝升职到光禄大夫，而杨综日后当上了安东将军司马昭的长史。

他们的存在，他们的发展，都是司马家人用以向外界传达声音的活体工具，正如司马懿当初强调的那样，他们之所以得到这些，之所以没有命丧黄泉，是因为一个关键词——忠心。

除掉曹爽之后，司马懿一人独大，司马家族成为曹氏家族之下的第二望族，同时也是魏国权力的真正拥有者。当权者最想要众人做到的事情自然非"忠诚"莫属。

也有人猜测，这“漏网之鱼”的真实身份或许是卧底？

鲁芝和杨综可以有如此与众不同的命运，单纯用司马懿想要用二人树立忠心追随者这个典型的借口，其实是有些牵强的。

作为算无遗策的老狐狸，他怎么会放跑了有可能坏事的敌人呢？又为什么是这两个人逃出去，而不是曹爽身边更加亲近的何晏、丁谧之流呢？

不由得让人猜测起二人的身份，会不会是司马懿安排在曹爽身边的卧底呢？

如果从这个角度来看，很多事情就可以解释得通了。而他们的逃跑显然是司马懿有意放水，而不是计划不周。否则，以他们的智谋和身份，如何可以逃脱呢？

如果是卧底，他们可以帮助司马懿监视曹爽的一举一动，从旁煽风点火、推波助澜，让事情按照司马懿预先计划的那样发展下去。唯有曹爽身边有自己人，才可以让司马懿在对阵的时候高枕无忧，可以笃定他一定会投降吧。

无论是卧底，还是对手的忠臣，只要是对自己无大的损害，树立榜样的作用都是无穷的。司马懿深谙这个道理，而且在树立典型和榜样的过程中做得非常成功。人们纷纷投奔到司马家族的门下，不少人确实肝脑涂地、忠心可鉴。忠心，在关键时刻可以救命，这样的榜样宣传出去，不仅可以为自己培养忠心耿耿的人才，而且有助于改良社会风气。

模范的作用更多体现在思想层面，是为了引导大众按照某种特定的模式做人做事。特别是在企业的人事管理当中，树立典型是很重要的一个管理手段。

作为集中体现企业文化特质的典型人物，他们被选出的主要目的

就是在所有人心中进一步强化企业文化，进一步强调企业文化，形成鼓励先进，争先创优的风气。模范的存在，是自身的人生价值与企业文化理念相融合后的产物，不同的时期，模范的标准也有所不同。但不同之中也有时时刻刻都不曾改变的相同特质，概括来说，包含了忠诚、责任心、助人为乐、孝悌等做人的基本准则，以及努力拼搏、刻苦钻研、不断开拓创新等做事基本标准。

典型要被推崇，被彪炳，被敬重，被效仿，这才是典型存在的价值与意义。

下棋要算好后路，知道下一步怎么走

魏嘉平二年(公元250年)。已经72岁的司马懿，站到了权力的巅峰，一览众山小。

对于司马懿一直低调谦虚地请辞曹芳授予的相国职位这件事，不管是出于羡慕嫉妒恨的哪一种心理，总之有一个人很看不惯。

这个人是王凌。

作为曾经设计出貂蝉这个"美人计"的汉朝智臣司徒王允的侄子，王凌算是出身名门。他此刻任职车骑将军，坐镇东南，曾经与曹爽过从甚密。

曹爽事败后，王凌面对司马懿一人独大的局面，表示很不爽。他的年龄与司马懿相仿，出身也不低，军事才能也不差。凭什么他司马懿吃香喝辣的，自己却只能偏于一隅呢？

老夫聊发少年狂，王凌头脑一热，拉拢侄子，时任兖州刺史的令狐

愚，二人合谋打算推翻曹芳政权，另立曹彪称帝，自己打算做一个挟天子以令诸侯的权臣。

王凌的算盘打得很好，可惜他运气不够好。

首先，人算不如天算，还在谋划中，令狐愚病死了。而他的死间接导致王凌的阴谋败露。

事情是这样的：令狐愚有一个叫作杨康的心腹，在他死后，考虑到自己的未来，杨康找到司徒高柔，将王凌与令狐愚的计划和盘托出。高柔大吃一惊，立刻报告给了司马懿。

说起来，王凌的实力不弱，真的打起来，还说不好谁输谁赢。司马懿手中可以用的牌，加上两个儿子也并不算多。

不过，他没有轻举妄动。对付曹爽他可以用了十年的时间，如今，即便知道了王凌的阴谋，他依旧很沉得住气。司马懿听说后什么也没有做，示意大家少安毋躁。转头，任命自己的心腹黄华接替了令狐愚的兖州刺史的职务，让他在前线盯着王凌的举动。

这时候，王凌还自作聪明地认为自己的计划无人知晓。起事需要军队，他手中的兵力有限。想玩小聪明的他，上书朝廷，以讨伐东吴为借口，请求获得调动东南地区军队的权力。

当然，早就知晓一切的司马懿当即驳回了。这是王凌将要起兵的信号。司马懿当即调兵遣将，不等王凌醒悟过来，亲自出马，奔赴王凌的驻地。

面对对方兵力多于自己的局面，还想做困兽之斗的王凌无奈束手就擒。估计他也知道谋反是大罪，自己必死无疑。于是，在押解往洛阳的路上，王凌自杀了。曾经威风一时的“东南王”，就这样烟消云散了。

此后，魏国再也没有可以与司马懿比肩的人物。司马时代开始了。

俗话说，下棋要算好后路，知道对手下一步要怎么走，这样才能抢占先机，进而制胜。毫无疑问，司马懿就是这样一个下棋高手。

司马懿对出手的时机把握得非常精准。

关于王凌的谋反，在他动手之前司马懿就从告密者那里得到了确凿的消息。然而，他并没有做什么实际的动作，让这件事胎死腹中，反而等着王凌的出招。然后，磨刀霍霍的司马懿，在王凌出手后的第一时间，以雷霆之势迅速扑灭了这把本来就不旺的火。

在此之前，他所要做的就是保证王凌落入自己的网中，而不会横生枝节。

司马懿做好了万全的准备，当然也不会让王凌逃脱。他 71 岁高龄，手下也不是无人可用，却还是选择亲自出征，当然也是手到擒来。不是为了逞威风，而是要保证万无一失。

司马懿没有给王凌留后路。王凌知道没有后路，于是在被押解回洛阳的路上自杀了。王凌从过往的曹爽等人的事件中知道，自己已经没有谈判的资本，没有选择权，只有死路一条。因为换作是自己，也不会留下后患的。

具体来说，司马懿的案例给我们以下几点启示：

第一，不要给对手"说不"的选择权。

争斗，从来不以平局和睦结束。必然要有输有赢，有人笑有人哭。想要笑到最后，就要牢牢握住选择权，要牵着对手的鼻子走，而不要让对手轻易地对你说"不"。

有一个故事，某街道上有两家餐馆，菜品和价位相似，却一家红火一家萧条。有心人经过调查发现，红火的餐馆很善于打消费者的心理战。以早点为例，同样的云吞，服务员的问法却迥然不同。红火的餐馆

会问："您要加一个鸡蛋还是两个鸡蛋？"而另一家则问："您要不要加鸡蛋？"甚至有时候还会忽略掉这个问题。

对于选一个还是两个鸡蛋的问法，大多数人下意识都会二择一，无论选择哪一个，餐馆都是获利的。而问要不要加鸡蛋的问法，至少有一半的客人会回答"我不要鸡蛋"。

一个是抓住了选择权，一个是将选择权送给他人，生意好坏从这里面可见一斑。

第二，选择权与能力相关。

虽然明白了抓住选择权的重要性，但是不是想要抓住就能够抓住的。平心而论，能够牢牢抓住选择权的人都有很强的能力。

也就是说，选择权与能力是相辅相成、互为因果的关系。

刘备三顾茅庐才请到诸葛亮出山辅佐自己，诸葛亮能够傲娇，自然依仗的是自己不凡的才能。这让他可以自由选择为谁效力，如何效力。

在现代职场中，这样的烦恼屡见不鲜。公司职员叶凡曾经不断抱怨自己在工作中总是被压榨、被指挥、被选择，永远没有自主权。这件事严重困扰他，以至于差点儿患上抑郁症。在经过与专业规划师的一番交流后，他找到了问题的症结，转而关注自己的内在发展，苦练内功，不断磨炼积攒自己的能力。一年后，改头换面的他凭借着自己的优良工作业绩得到了升职的机会，而与此同时，他的手边还有一份猎头送来的延揽名单，一家世界 500 强的外资企业打算聘任他，而那个职务更具诱惑力，更具挑战性，当然薪酬也更高。

与其不断抱怨自己的才能无处施展，或者自己总是做着他人的下手，总是被呼来唤去，不如先反思一下自己，你是不是因为能力不足才会被人看轻呢？

想要获得选择权，先从修炼自己的能力开始吧。

附录一：司马懿的不平凡家世

一、中产阶级，由武转文的世家血统

司马懿拥有一个不高但也不低的世家血统。

晋武帝司马炎（司马懿之孙）在诏书称“本诸生家，传礼来久”（《晋书·礼志》）。可见，司马家族一向是知书达理的贵族。

【先祖要追溯到上古时期】

司马家族的最古的“老根”在哪里呢？帝高阳之子重黎，为夏官祝融，历唐、虞、夏、商，世序其职。周朝的时候，以夏官为司马。

【周朝时获得“司马”这个姓氏】

重黎的后人程柏休父，任司马官职，很有权势。周宣王时，他克平徐方立功，因此被赐予了以官职为姓氏的荣誉。至此，司马姓氏诞生。

【楚汉时期，家族定居在河内】

楚汉相争时期，司马印作为赵国的将领，参与了讨伐秦王的战役。

秦朝灭亡后，被项羽封为殷王，定都河内。

汉朝时，司马家族定居在河内这片土地上，后代子孙出了不少名人豪杰。

【第八代至第十二代的家谱】

第八代：司马卬，殷王（曾高祖）

第九代：司马钧，字叔平，任职东汉征西将军（高祖）

第十代：司马量，字公度，职豫章太守（曾祖）

第十一代：司马隽，字元异，任职颍川太守（祖父）

第十二代：司马防，字建公，任职京兆尹（父亲）

经过几代人的努力，司马家在仕途上慢慢由武职转为文职。

东汉光和二年，司马家的老二司马懿出生了。

二、司马懿他老爹也是一位牛人

司马懿的老爹是何等人也？

司马防年轻时在州郡任官，历官升至洛阳令、京兆尹，年老后转拜骑都尉。京兆尹是个什么职务呢？用现代的话说相当于首都的市长。

家训的熏陶再加上职务的原因，司马防为人十分严谨，即使在宴会这样的休闲场所，也保持着威仪。

司马防有 8 个儿子，他对待儿子很严格，即使儿子弱冠成人后，也要求“不命曰进不敢进，不命曰坐不敢坐，不指有所问不敢言”。

大约就是这样的家学风气下，司马懿养成了韬光养晦，善忍的性格。

孩子们不知道，这其实在培养他们做官的性格和习惯。

由此可见，做官是一门技术活，必须从小训练才能成为技术能手。

值得一提的是，当司马防任京兆尹职务的时候，曾经提拔过当时初出茅庐的曹操。

三、显赫一时，超级拉风的“司马八达”

司马懿还有一帮人数众多且个个都牛气烘烘的兄弟。

司马懿排行老二，他的7个兄弟依次为司马朗、司马孚、司马旭、司马恂、司马进、司马通、司马敏，因他们兄弟八人的字（小名）皆有“达”，在当时被人们称为“司马八达”。

打虎亲兄弟，上阵父子兵。

司马家是世家大族，包括司马懿在内的8个兄弟，每一个都是春风得意的大官，一时间让司马家的门楣显赫至极。让我们来看看司马家兄弟的简历——

老大司马朗，字伯达，官至汉兖州刺史；

老二（本书的主人公）司马懿，字仲达，官至魏太尉，追谥晋宣帝；

老三司马孚，字叔达，官至魏太宰，晋封安平王；

老四司马馗，字季达，魏封东武城侯；

老五司马恂，字显达，官至魏鸿胪丞；

老六司马进，字惠达，官至魏中郎；

老七司马通，字雅达，魏封安城亭侯；

老八司马敏，字幼达，魏封安平亭侯。

司马懿名字中这个“懿”字指的是美好的德行，可见司马懿出生时，他的父亲对他寄予了厚望。史书称他“少有奇节，聪明多大略，博学洽闻，伏膺儒教”。果然，他不负众望，在兄弟中的成就最高。

四、波折丛生，博采众长的求学生涯

司马懿生于乱世。

他12岁前过着高干子弟的优裕生活，在父亲的严苛家教下按部就班地成长着，安安稳稳地进行了5年世家子弟常规的启蒙教育。

12岁那年，洛阳变天了。党派相争，董卓得利，他下令把皇帝连同

满朝文武官员一同搬迁到长安城。司马防在混乱的时局下做出决定，让司马朗护送全家老小回老家避祸。为了摆脱董卓的戒严，司马家散尽金银送人打点，终于逃回老家。

之后的几年，司马一家人靠姻亲关系借住在当地某处的军营中，避开了外间纷乱的争斗与厮杀。这期间，大哥司马朗没有放松对弟弟司马懿的教育工作，让其在操练声交织的军营中开始了一段奇特的学习之旅。以至于他的知识中不自觉地带有武者气息，他对兵书战法也充满了浓厚的兴趣。这一切，为他日后的行伍生涯奠定了基础。

16岁那年，董卓倒台。但是，战后损毁严重，一切都在百废待兴的状态下。虽说是世家，那不过是地位上的虚名。从实际上看，门庭的没落让此刻的司马家族与草根族没有太大的差别。

唯一不变的是，此刻的司马懿依然没有因为贫苦而放下书本。

胡昭，是当时的大儒，非常有学问，也如同历史上那些清流名士一样，抱持着终身不仕的理念，在山中过着隐居生活。

尽管曹操先后数次慕名派人前来延请他出山，均无功而返。此时的胡昭正沉浸在培养学生的乐趣中，司马懿就是他的得意门生。

胡昭与司马懿十分投缘，几乎成为忘年交。胡昭也毫不吝惜地将自己的学识尽数传授给了司马懿。

在这段时间中，让司马懿最受益匪浅的，不是学到多少新知识，而是在胡昭的引导下拓宽了看世界的眼界，锻炼了思考能力，明确了人生观和价值观。这些学到的东西，让司马懿日后在处理事务，待人接物等方面打下了很好的思想基础。

后来司马懿有了儿子，一个名“师”，一个名“昭”，将他这位授业恩师的名字镶嵌其中，表达出了他对胡昭的尊敬和崇拜之情。

正所谓“树有根，水有源”，从出生到学成归来，这一系列的修炼铸就了司马懿的成功基础。家族做官基因的遗传，兄弟人脉的支持，以及儿时军营的影响，加之名师的指点，这些都是一个人完善自我的重要因素。司马懿后来之所以能够成为牛人，正是各种成功条件的集合。

五、“纯臣”司马懿

司马懿有野心吗？

这个命题，每个人都有自己的观点。至少，没有野心他的人生不会走得如此辉煌。

有人说他沽名钓誉，有人说他为人厚黑，有人说他太会作秀……无论如何，从史实来看，却无法将乱臣贼子的罪名扣在他的头上。他的帝位是孙子追封的，至少在他死之前依旧保持着自己纯臣的身份。

就如同昔日的曹操，已经挟天子以令诸侯，地位无以复加。东吴的孙权也趁势拱他上位，撺掇他取代汉帝。手下人也纷纷劝他这样做。然而，曹操至死没有称帝，他的魏武帝的封号同样是称帝后的曹丕追封的。

有些事，时机不对的时候，再有欲望也要忍住。

虽然司马懿没有称帝，但是当时机成熟之后，当扫平三国，一统天下的成绩让司马家族站到了权力最高峰的时候，一切水到渠成，司马懿的孙子司马炎取魏朝而代之，建立晋朝。

一个新纪元从此诞生。

或许我们不具备这样的成长历程，但不要绝望，每个人都是一个独立的个体，不会与任何人重复。你的成长历程也同样精彩，在属于你自己的天地里，你同样可以拥有像司马懿这样的成功！

我们要学习的是司马懿的精神和智慧，并不是要全盘复制司马懿的人生。这也是不可能的，毕竟谁也无法穿越到三国。

朝着你的人生轨迹去奋斗，你一样是时代的强者！

附录二：司马懿生平大事记

年份	年龄	主要事件
汉光和二年(179 年)	1 岁	司马懿出生。
汉建安六年(201 年)	23 岁	曹操征召司马朗、司马懿兄弟。司马懿装病拒绝。
汉建安十三年(208 年)	30 岁	曹操强行征召司马懿，任文学掾，教导曹丕。
汉建安十四年至十九年(209–214 年)	31—36 岁	逐步升任黄门侍郎、议郎、丞相东曹属、主簿等职。
汉建安二十年(215 年)	37 岁	随曹操出征汉中，剿灭张鲁势力。司马懿建议曹操趁机攻打益州，未采纳。
汉建安二十一年至二十二年(216–217 年)	38—39 岁	曹操公开选继承人，司马懿投靠曹丕，与陈群等人组成“太子四友”，在与曹植的争斗中获胜。曹丕当上太子，司马懿升任太子中庶子。
汉建安二十三年(218 年)	40 岁	升任军司马，提出屯田方案，被采纳。
汉建安二十四年(219 年)	41 岁	关羽北伐，曹操打算迁都，司马懿力止，献计瓦解吴蜀联盟，拉拢东吴。曹操得孙权劝说称帝的书信，司马懿借机表态赞同。
魏黄初元年(220 年)	42 岁	曹操病逝，司马懿与贾逵主持丧葬诸事。曹丕继位，司马懿受封河津亭侯，转丞相长史。同年，汉帝禅让皇位，曹丕即魏王位，当上天子。司马懿再次被任命为尚书，不久转督军、御史中丞，封安国乡侯。
魏黄初二年(221 年)	43 岁	司马懿升任侍中、尚书右仆射。

年份	年龄	主要事件
魏黄初五年(224年)	46岁	曹丕南巡,以司马懿镇守许昌,并改封司马懿为向乡侯。任命司马懿为抚军大将军、假节,领兵五千,加给事中、录尚书事。
魏黄初六年(225年)	47岁	曹丕南征,复命帝居守,内镇百姓,外供军资。
魏黄初七年(226年)	48岁	曹丕病逝。遗诏司马懿与曹真、陈群、曹休为辅政大臣。八月,孙权出兵攻魏。司马懿击败诸葛瑾,并斩杀吴将张霸,斩首千余级。十二月,升任骠骑将军。
魏太和元年(227年)	49岁	明帝命司马懿驻扎宛城,加督荆、豫二州诸军事。孟达谋反,司马懿带兵急行军,擒斩孟达,传首京师,俘获万余人。
魏太和二年(228年)	50岁	司马懿向魏明帝曹叡献攻打东吴计策。大司马曹休得东吴周舫诱降信,提出攻吴计划,被明帝批准。司马懿奉旨从另一路进攻,半路又奉旨返回。不久,曹休攻吴失败,病逝。
魏太和四年(230年)	52岁	司马懿升任大将军、加大都督、假黄钺。大司马曹真伐蜀,奉旨随同出征。司马懿驻军丹口,后遇雨班师。曹真伐蜀未果,病逝。
魏太和五年(231年)	53岁	诸葛亮第四次北伐。明帝任命司马懿都督雍、凉二州诸军事。首次对阵诸葛亮,诸葛亮粮尽退兵。司马懿驱张郃追击,遇伏身亡。
魏青龙二年(234年)	56岁	诸葛亮第五次北伐,兵出斜谷,屯兵五丈原。司马懿坚守不出,与诸葛亮相持百余日。诸葛亮病逝军中,蜀军撤走。
魏青龙三年(235年)	57岁	司马懿升任太尉。关东闹饥荒,司马懿运粮救灾。
魏景初二年(238年)	60岁	公孙渊造反。明帝命司马懿平叛。破襄平,擒斩公孙渊。明帝病危,急召司马懿入京。

年份	年龄	主要事件
魏景初三年(239年)	61岁	曹叡病逝。司马懿与曹爽一起接受遗诏辅佐少主曹芳。司马懿任侍中、持节、都督中外诸军、录尚书事,和曹爽共执朝政。
魏正始二年(241年)	63岁	孙权攻魏,司马懿领军救援,驱吴军。七月,增司马懿食郾、临颍,前后共四县,食邑万户,子弟十一人皆为列侯。
魏正始三年(242年)	64岁	在淮北主持兴修水利事宜。
魏正始四年(243年)	65岁	司马懿二次率军驱吴,诸葛恪闻风而逃。
魏正始五年(244年)	66岁	曹爽伐蜀,司马昭随军出征。司马懿写信劝曹爽撤军。曹爽伐蜀诸多不利,铩羽而归。
魏正始六年(245年)	67岁	八月,曹爽毁中垒中坚营,以兵属其弟中领军羲。司马懿以先帝旧制为由制止未果,二人矛盾升级。
魏正始八年(247年)	69岁	司马懿装病,不问政事。曹爽一人独大。
魏嘉平元年(249年)	71岁	司马懿父子等人趁曹爽陪曹芳到高平陵祭祖之际发动政变。曹爽迫于形势投降,治罪。司马懿杀曹爽及党羽,诛三族。群臣奏请司马懿为宰相,加九锡。司马懿固辞不受。
魏嘉平三年(251年)	73岁	王凌谋反,欲废曹芳立曹彪。事泄,司马懿率军平叛,王凌投降,半途自杀。曹芳加司马懿为相国、安平郡公。司马懿固辞不受。八月,司马懿去世,享年73岁。
晋泰始元年(265年)	-	魏帝禅让,司马懿之孙司马炎即晋王位,史称晋文帝。追封司马懿为高祖宣皇帝。